Dossier d'électroculture

Basalte et Paramagnétisme

Par Yannick Van Doorne, ingénieur agronome
Editions Isidorus

En la fête de l'Immaculée Conception du 8 décembre 2022

Éditions Isidorus – Yannick Van Doorne
Tel 0688086894 - Route du Climont - 67420 Ranrupt - France
www.electroculturevandoorne.com

Illustrations et dessins : Adrien Frappreau dessinateur, Yannick Van Doorne dessinateur, conceptions et idées des dessins.
Photos : Yannick Van Doorne, complétées de quelques photos libres de droits de Pexels, Pixabay.

Dépôt légal : Avril 2023
ISBN 978-2-494659-01-8
EAN 9782494659018

Dossier d'électroculture

Basalte et Paramagnétisme

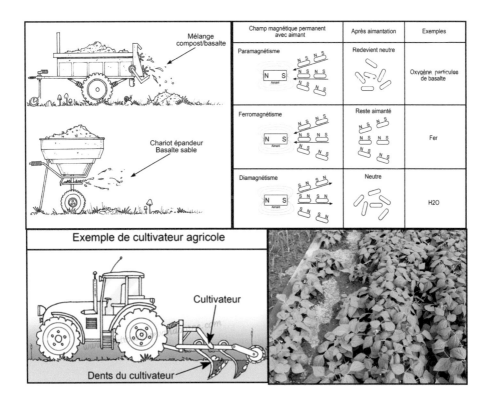

Par Yannick Van Doorne, ingénieur agronome
Editions Isidorus

AUTEUR

Yannick Van Doorne
Ingénieur agronome de la Hogeschool Gent, Belgique, né le 28 mai 1976

Je suis d'origine belge et vit en Alsace dans une ancienne ferme en partie restaurée des montagnes des Vosges. J'ai consacré une partie de ma vie à l'étude du domaine de la musique et des plantes, de l'électroculture et des pyramides. Je me suis fait comme une mission d'en développer les applications pour l'agriculture et le jardinage, des techniques agronomiques plus respectueuses de la vie et de la nature. La conscience des énergies subtiles et la recherche de spiritualité font partie intégrante de ma vie. En 2000, j'ai obtenu un diplôme d'ingénieur industriel en agriculture et biotechnologie. Cependant les techniques industrielles m'ont souvent tellement dégouté que cela m'a amené tout naturellement à chercher des alternatives plus respectueuses de la nature que je souhaite vous partager à travers les conférences et formations. L'honnêteté, la spiritualité et le respect sont des valeurs qui me tiennent à cœur dans tout ce que je fait. Depuis 2001, je voyage de par le monde pour animer des conférences et ateliers pour enseigner les connaissances et techniques pour le jardinage, l'agriculture, le bien-être, la santé et la production d'énergie.

Auteur de la thèse de fin d'études en 2000 sur l'influence de fréquences sonores variables sur la croissance et le développement des plantes.

Auteur de nombreux articles sur l'influence de la musique sur les plantes, de l'électricité et du magnétisme sur les plantes depuis l'année 2000. Conférencier sur les mêmes sujets depuis 2000.

Intervenant dans le film Résonance de Serge Fretto en 2010

Dirigeant de l'entreprise Ecosonic Sarl de 2001 à 2005, Van Doorne Sarl
Dirigeant de l'entreprise Symphonie R&D Sarl depuis 2008

Sites internet :
www.electroculturevandoorne.com
www.electroculture-university.com

Tel. France 0688086894
Adresse :
2 Route du Climont
67420 Ranrupt - France

TABLE DES MATIÈRES ———————————————

DÉCOUVERTE DE L'IMPORTANCE DU PARAMAGNÉTISME

Le paramagnétisme est une valeur physique encore trop peu étudiée en agronomie. Pourtant, il se pourrait que cela puisse apporter énormément de bienfaits à la fertilité des sols si on en croit les découvertes de Phil Callahan dès les années 40 du siècle passé. Depuis de nombreux autres chercheurs ont pu mettre en évidence l'importance de ces observations. J'ai collecté de nombreux témoignages de la part des agriculteurs avec qui je travaille et fait bon nombre d'expériences qui me confirment cela.

Le paramagnétisme peut se mesurer avec des appareils de physique spécialisés. Si un tel appareil de laboratoire est souvent hors de prix pour le jardinier amateur, il est tout de moins accessible et utile pour les conseillers agricoles et autres professionnels. On mesure une forme de susceptibilité magnétique ou autrement dit une forme de sensibilité au champ magnétique statique. Dans notre cas pour le sol, on veut étudier sa sensibilité magnétique par rapport au champ magnétique terrestre dans lequel on baigne continuellement. Ce champ magnétique est un champ statique, contrairement aux champs électromagnétique des téléphones mobiles, par exemple, qui est très fluctuant.

Les particules paramagnétiques sont sensibles au champ magnétique statique et y réagissent. Elles vont adopter un comportement différent selon que ce champ magnétique est présent ou non. Ces particules agissent comme des sortes de résonateurs, comme des diapasons, en se mettant en accord avec leur source d'énergie qui est ici le champ magnétique généré par la terre. Quand les particules paramagnétiques se trouvent dans un champ magnétique généré par une autre source alors elles deviennent elles mêmes magnétiques

Photo 1

Photo 1 : Première page du livre «la vie secrète du sol» de Peter Tompkins et Christopher Bird de 1990.

aussi comme par résonance. Cependant, si la valeur de ce champ magnétique retombe à zéro ou disparait, alors les particules paramagnétiques magnétisées redeviennent neutres aussi, ou reperdent leur magnétisme instantanément. Leur magnétisme est donc dépendant d'une autre source extérieure.

C'est un peu comme un poste de radio avec sa source d'émission de radio. Les ondes radio sont toujours là mais il faut le poste de radio bien réglé sur la bonne fréquence pour pouvoir capter l'énergie et l'information de l'émission radio. Ici c'est un peu pareil, les particules paramagnétiques dans le sol vont permettre au sol de capter l'énergie magnétique de la terre, voire l'amplifier localement et la transformer dans des énergies et informations utiles pour la fertilité du sol et des plantes.

Livres d'importance sur la notion du paramagnétisme et des poudres de roches

«*La vie secrète du sol*» de Peter Tompkins et Christopher Bird de 1989 est l'un des premiers livres qui m'a fait découvrir cette notion de paramagnétisme, ainsi que le travail de Phil Callahan. Ce livre, lu durant mes études d'ingénieur agronome à Gand, en Belgique, en 1998 m'a permit d'approfondir le sujet sur la musique et les plantes. Tout un chapitre est consacré à ce sujet. Les auteurs y parlent aussi de paramagnétisme, de tours rondes, des travaux de Phil Callahan et bien plus. Une véritable mine d'informations sur les innovations agricoles qui peuvent faire toute la différence.

Le paramagnétisme est une unité de mesure qui nous indique le pouvoir du sol d'agir comme une sorte d'antenne, avec le champ magnétique terrestre. Ainsi que les influences magnétiques cosmiques qui interagissent avec le champ magnétique terrestre jusqu'à ces particules dans le sol.

Après avoir dévoré presque tous les livres de Phil Callahan, j'ai été l'un des premiers à informer, début des années 2000, sur l'importance du paramagnétisme pour améliorer la fertilité des sols. Certaines entreprises agricoles distribuaient déjà du basalte depuis bien longtemps, mais pour d'autres raisons, cependant sans parler de cette notion du paramagnétisme, qui me semblait tellement importante ; comme nous l'indiquait Phil Callahan. Ses travaux sont très peu connus et c'est bien dommage !

Photo 2

Photo 3

Au début, peu de gens m'ont suivi, mais avec le temps et les résultats, petit à petit, cela a fait son chemin. C'est devenu un sujet de conversation assez courant dans certains milieux de l'agriculture biologique et ça commence ailleurs aussi. Maintenant il existe de nombreux articles scientifiques sur le sujet, la communauté scientifique et la recherche agronomique semblent se réveiller enfin, on remarque que le sujet sort de l'ombre et c'est une bonne nouvelle.

Phil Callahan explique que plus un sol est paramagnétique, plus il a une auto-fertilité naturelle importante. Au-delà d'un certain niveau de paramagnétisme il n'y aurait même plus besoin d'apport de fertilisant extérieur, ou très peu.

Photo 2 : Première page du livre de Phil Callahan « Paramagnetism»
Photo 3 : Première page du livre de Phil Callahan « Ancient mysteries, Modern Visions. The magnetic life of Agriculture »

ANCIENT MYSTERIES, MODERN VISIONS

The Magnetic Life of Agriculture

Philip S. Callahan, Ph.D.

Discover the real secrets behind the ancient temples of Egypt, Ireland and the Far East. Learn that the same forces that make these cathedrals conducive to worship are tuned in to by plants and insects, and promote plant growth and good health. Join Phil Callahan as he links the paramagnetic force to soil health, plant health, and life.

Common folklore about healing stones takes on new meaning with Dr. Callahan's discovery of stone's special magnetism and its relation to life. To bring this knowledge from the abstract back to reality, you can actually replicate many of Dr. Callahan's experiments – build an aura detector, construct a star map, and study the effects of various low-level energies on plant growth.

Photo 4

Photo 4 : Couverture arrière du livre de Phil Callahan

DIFFÉRENCES ENTRE LE PARAMAGNÉTISME, FERROMAGNÉTISME ET LE DIAMAGNÉTISME

Ceci est une vision simplifiée du sujet mais on verra que la tendance est bien là. On ne comprend pas encore tout sur le paramagnétisme et comment cela influence précisément la vie du sol mais une chose est sûre, c'est que des résultats positifs indéniables sont bien visibles. Attention, cela ne veut pas dire non plus que ce serait une panacée à tout le problème de la fertilité, loin de là. Il peut aussi arriver qu'on ne voit pas de résultats, sans en comprendre pour le moment les raisons. On touche à une notion importante mais on a encore beaucoup à découvrir pour en comprendre le fonctionnement complet.

Pour comprendre le paramagnétisme on doit aborder deux autres notions qui en sont proches : le ferromagnétisme et le diamagnétisme.

Voici les différences de comportement des particules dites **diamagnétiques**, **ferromagnétiques** et **paramagnétiques**.

Des particules diamagnétiques seront légèrement repoussées sous l'influence d'un champ magnétique statique, d'un aimant par exemple. Des exemples de matériaux diamagnétiques sont l'eau, la matière organique, le carbone.

Les particules ferromagnétiques seront attirées par les pôles d'un champ magnétique statique, comme un aimant par un autre aimant. Les particules s'orientent selon la direction du champ magnétique et puis vont s'en rapprocher comme étant attirés. Puis quand on retire le champ magnétique statique source, alors les particules ayant subi ce champ magnétique vont rester pour ainsi dire chargées et rester magnétiques. Leur moment magnétique dans leur cristallisation interne s'en trouve orienté et c'est comme si ces particules se sont transformées en de véritables mini aimants eux-mêmes.

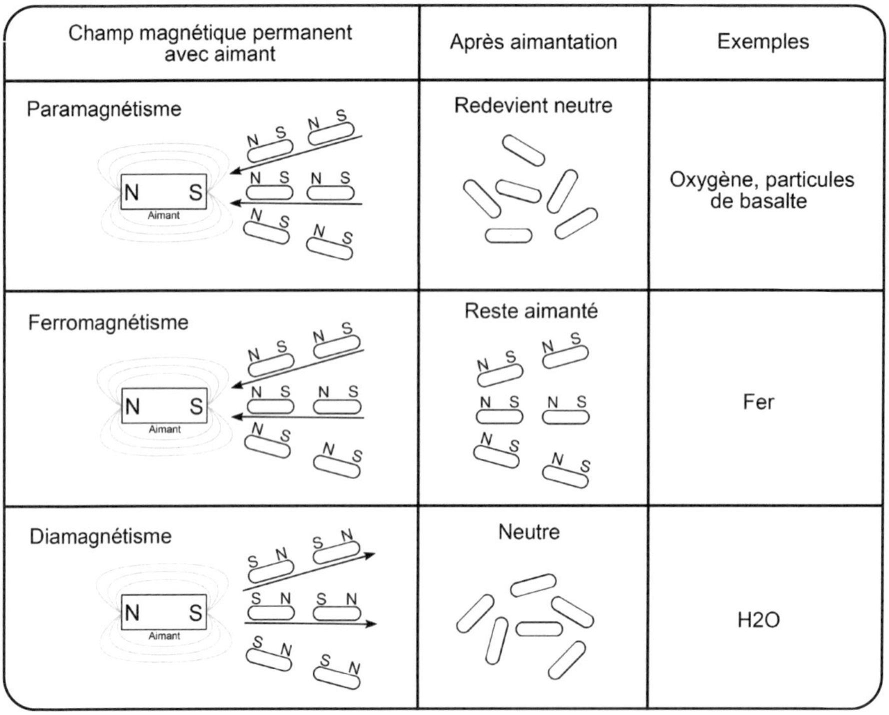

Champ magnétique permanent avec aimant	Après aimantation	Exemples
Paramagnétisme	Redevient neutre	Oxygène, particules de basalte
Ferromagnétisme	Reste aimanté	Fer
Diamagnétisme	Neutre	H2O

Dessin 1

Dans le cadre **des particules paramagnétiques**, contrairement aux particules ferromagnétiques, elles ne vont pas rester chargées mais elles vont perdre tout magnétisme quand on enlève la source première du champ magnétique statique. Pour donner une valeur à cela, Phil Callahan utilise la mesure du microCGS qui veut dire micro-centimètre gramme seconde.

Les particules et cristaux qui composent un sol, ou les roches du sous-sol, ont tous des propriétés magnétiques et électriques. Le paramagnétisme en fait partie. La piézoélectricité aussi par exemple. Les particules selon leur nature vont ainsi capter et émettre certaines fréquences électromagnétiques qui leur son propre, qui peuvent avoir une importance considérable sur les microorganismes et fonctionnement des organismes vivants comme les plantes. Du sable de quartz par exemple, est diamagnétique et piézoélectrique, ainsi sous l'effet de pression ou du soleil il peut transformer cette énergie en piézoélectricité qui sera diffusée autour.

Dessin 1 : Schéma indiquant comment réagissent des particules ferromagnétiques, paramagnétiques et diamagnétiques.

Pour les particules para-
magnétiques elles cap-
teront le champ magné-
tique terrestre nourri de
toutes ces fluctuations et
fréquences magnétiques
subtiles qui auront une
influence sur la micro-
biologie du sol et la vie
des plantes, voire même
des animaux qui vivent à
proximité.

Photo 5

*Photo 5 : Le premier PCSM ou Phil Callahan Soil Meter acquis par Yannick Van Doorne, appareil
de mesure du paramagnétisme développé par Phil Callahan et ses partenaires.*

TERRES NATURELLEMENT PARAMAGNÉTIQUES

En général, les terres très paramagnétiques sont très fertiles. On donne comme exemple les terres fertiles sur les pentes des volcans comme à la Réunion, au Rwanda, Burundi, Cameroun, en France en Auvergne, le Keizersthul en Allemagne. Il y a aussi des zones très fertiles dans les zones anciennement inondables des fleuves prenant leur source sur les massifs des anciens volcans. En général, voir quasiment toujours, les particules paramagnétiques ont une origine volcanique. Ce sont donc des roches assez jeunes géologiquement parlant. Mais toutes les roches volcaniques ne sont pas forcément paramagnétiques. Généralement ce sont les roches de basaltes qui le sont, et peu, ou pas du tout les laves qui sortent du volcan.

Il peut parfois y avoir des cendres ou de la lave très paramagnétique mais ce n'est pas une généralité. La roche de basalte est en réalité le magma qui s'est solidifiée dans la cheminée du volcan avant de sortir. Quand le magma sort du volcan il réagit avec l'air, se transforme physiquement parlant et on l'appelle de la lave. La lave et le basalte ont des propriétés physiques souvent totalement différentes comme roche. Les deux peuvent avoir une action positive sur la fertilité, cependant ce ne sera pas forcément pour leur paramagnétisme, cela peut aussi être à cause d'autres raisons, comme par exemple :

• leur richesse en silice, magnésium, oligo-éléments et bien d'autres éléments.
• leur porosité, dans le cas de la pouzzolane, bien connue en horticulture.

Si en plus de ces deux propriétés (minéraux fertilisants et porosité) ils sont paramagnétique, alors on gagne sur plusieurs tableaux à la fois. Autant en choisir un qui est le plus paramagnétique possible, pour le même prix.

Photo 6

Photo 6 : Volcan avec à son pied des vergers et champs agricoles

QUEL EST L'AVIS DU VER DE TERRE ?

Anecdote : Sur ma cour de ferme, devant mon atelier, j'avais été livré d'une palette de sacs de basalte en poudre. Cette palette était posée sur un sol pavé. Avec le temps, des sacs avaient des fuites et du basalte en poudre se répandait. La pluie aussi s'en est mêlée pour épandre tout cela. Le jour où j'ai enfin enlevé cette palette, après plusieurs semaines, j'ai observé des dizaines de vers de terres et pas des moindres, qui se trouvaient entre la planche de la palette, les pavés et dans les interstices des pavés. On pourrait croire qu'un sol pavé manque de vie... mais pas avec le basalte ! Pourtant les pavés ont été posé sur un lit de sable classique de construction, pas très propice à la vie. Je n'avais jamais vu autant de vers de terre et si gros, quand je déplaçais d'autres palettes ou pots de fleur qui avaient séjourné longtemps à la même place. C'était impressionnant ! Les vers de terre semblent très apprécier le basalte en poudre.

Le constat est le même au potager : les endroits où j'ai beaucoup épandu de basalte, se couvrent en automne d'un véritable tapis de turricules de vers de terre. Ces petits monticules sont si nombreux qu'on ne peut les compter.

Photo 7

Photo 7 : Eruption volcanique qui peut disperser des cendres fertilisantes dans les champs jusqu'à des centaines de kilomètres aux alentours

COMMENT LA NATURE FERTILISE ET AUGMENTE T-ELLE LE PARAMAGNÉTISME DES SOLS ?

Dans l'environnement, les particules de basalte et particules paramagnétiques nous proviennent de l'activité volcanique et de l'érosion des roches volcaniques transportées et redéposées par l'eau ou le vent. Ainsi les roches volcaniques qui s'érodent vont se retrouver comme particules dans les lits des rivières et fleuves, amenant ces particules fertilisantes et paramagnétiques sur leurs berges. Les rives de ces fleuves sont souvent des zones maraichères historiquement très fertiles et cultivées. Comme ceux de la Loire, qui prend sa source au mont Gerbier de Jonc, en Auvergne. Ou les rives du Nil, en Egypte, qui prend sa source aux zones volcaniques de la montagne du Kilimandjaro ou dans les collines du Rwanda et Burundi parmi les plus fertiles de toute l'Afrique. Selon Phil Callahan, ce n'est pas par hasard que de grandes civilisations ont pu s'y développer, comme en Égypte et en France. N'oublions pas l'Amazonie avec son fleuve qui prend ses sources dans les montagnes des Andes, riches en volcans.

Lors d'une explosion volcanique, il y a également des quantités considérables de cendres volcaniques qui se propagent sur des kilomètres, parfois mêmes des centaines de kilomètres, participant ainsi à fertiliser les terres.

Dans notre réalité on peut difficilement attendre la prochaine explosion volcanique ou inondation d'un fleuve pour fertiliser nos champs. Une solution plus simple est d'apporter nous-mêmes des particules paramagnétiques à nos terres.

Il existe environ une cinquantaine de mines de basalte en France, probablement autant en Allemagne. Certaines mines sont spécialisées pour extraire et livrer du basalte pour l'agriculture. Les propriétés fertilisantes du basalte ne sont pas nouvelles mais malgré cela quand même encore trop peu connues.

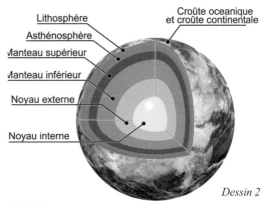

Dessin 2

Dessin 2 : dessin des couches de la composition de la planète terre

19

APPORTER DES ROCHES VOLCANIQUES PARAMAGNÉTIQUES AU SOL

Le grand avantage d'augmenter le paramagnétisme d'un sol en ajoutant du basalte, est la durée de l'effet dans le temps. Cet apport y restera pour des décennies, si on n'érode pas le sol par des pratiques inadaptées. Les particules paramagnétiques restent paramagnétiques pour des centaines d'années, cela ne part pas comme cela. Ce n'est pas comme un engrais qui se dissout, se solubilise et disparait ou se transforme en résidus toxiques. Non, ici on va durablement élever le paramagnétisme. Il n'y a que l'érosion par la pluie sur un sol nu qui pourrait éventuellement emporter les particules fines avec elles lors du ruissellement. Si on prend soin d'éviter l'érosion, avec par exemple des couvertures du sol, il n'y a pas de raison que son paramagnétisme diminue.

| Le labour et le paramagnétisme

Paradoxalement le labour n'est pas aussi nocif qu'on peut le penser, en termes de paramagnétisme. L'oxygène par exemple, qui est contenu dans l'air est très paramagnétique. Une des raisons du labour est d'apporter de l'air et de l'oxygène dans le sol, de façon mécanique, en retournant et en travaillant le sol. Bien entendu, on peut trouver des arguments en défaveur du labour, mais du point de vue de son influence sur le paramagnétisme cela va l'augmenter dans le sol, au moins temporairement avant que le sol ne soit tassé.

Photo 8

Photo 8 : Tracteur avec un cultivateur qui travaille le sol

Le labour va enfouir ces particules fertilisantes en profondeur, ce qui est dommage car on perd alors ces apports bénéfiques à la fertilité. On pourrait dire que l'année d'après, au prochain labour, on va les remettre en surface, c'est vrai aussi, mais on va diluer les particules efficaces dans les premiers centimètres vers les profondeurs où ils sont moins utiles.

Choix du dosage de l'apport de basalte ou roches paramagnétiques

Le paramagnétisme va fortement contribuer à stimuler la croissance et le développement des plantes, des micro-organismes et des vers de terre. Indirectement, l'apport de particules paramagnétiques va ainsi augmenter la matière organique d'un sol car elle va en stimuler grandement son développement.
Je considère par mes observations sur le terrain qu'apporter 500kg à une tonne de basalte à l'ha a le potentiel de doubler la quantité en vers de terre dès la première année.

J'ai pu constater quedans des champs dépourvus de vers de terre, suite à des pratiques d'agriculture intensive destructrice,avec diverses techniques d'électroculture, on retrouve en moins de deux dans, une grande population de vers de terre.

Influence des pesticides, fongicides ou engrais chimiques sur le paramagnétisme

L'usage de pesticides, fongicides, engrais chimiques et désherbants va globalement réduire le paramagnétisme des sols. Ceci n'est pas une influence directe sur le niveau de paramagnétisme mais indirecte dû à plusieurs processus mis en action.
Tentons d'expliquer cela. Le paramagnétisme va stimuler la vie du sol qui participe grandement à sa fertilité pour les cultures. Quand on va apporter des produits toxiques qui inhibent la vie du sol, c'est contradictoire. Car c'est comme si en même temps on va stimuler la vie avec l'apport de particules paramagnétiques, tout

en la détruisant avec l'apport d'autres produits, ici chimiques, donc on va réduire le potentiel de fertilité qu'on aurait pu obtenir sans ces produits chimiques. Pour l'agriculteur qui à l'habitude d'utiliser les produits chimiques toxiques, cela ne sera pas facile d'arrêter du jour au lendemain. Il lui faudra d'abord apprendre à gérer les maladies, les herbes indésirables, les problèmes de fertilité, sans ses produits chimiques habituels.

Dans ce cas, pour commencer à faire le pas vers la vie, je conseille de bien analyser la situation et de réduire en priorité l'usage et/ou dosage de tous les produits chimiques qui ont des effets négatifs toxiques sur la vie du sol, comme certains fongicides et insecticides. Vous pourriez me dire que tous ont des effets néfastes sur les organismes vivants. Oui, mais certains encore plus que d'autres. Quand on va réduire l'usage ou arrêter carrément l'utilisation des produits les plus toxiques sur la vie du sol on va observer rapidement des améliorations qui nous encourage à aller encore plus loin. Petit à petit, les maladies et les ravageurs auront tendance aussi à diminuer avec l'augmentation de l'énergie vitale et la santé des sols, ce qui permettra entretemps de trouver des solutions plus respectueuses du vivant. Et même de ne plus du tout avoir besoin de traiter s'il n'y plus de problèmes particulier de maladie ou ravageur. C'est une suite évolutive logique d'aggradation de la vie, de la santé des sols et des végétaux. On retrouvera en fin de compte ces effets bénéfiques jusque chez les animaux qui vont se nourrir des végétaux comme dans le cas des prairies avec les vaches laitières.

Les produits chimiques auront tendance à déstructurer le sol, ce qui le rend plus compact et le dépourvoit d'aération, d'air et donc d'oxygène paramagnétique. Les microorganismes et vers de terre du sol par contre vont aider à aérer le sol, à lui apporter les canaux d'aération amenant l'oxygène en profondeur avec tout ces effets paramagnétiques bénéfiques en plus.

Le paramagnétisme dans les substances, matières et organismes vivants.

Dans la nature, il existe des substances de valeurs de paramagnétisme différentes. Son échelle de grandeur dans une plante où un organisme vivant est souvent très petit et subtil. Ce n'est pas comme dans un sol ou l'on mesure en valeur de dizaines, centaines, voire de milliers de microCGS. Le microCGS est une unité de mesure du paramagnétisme de l'appareil inventé par Phil Callahan, le CGS est l'abréviation de centimètre gramme seconde. On y exprime la vitesse de déplacement d'une aiguille soumise à un échantillon de basalte magnétisé dans l'appareil. Au plus la valeur en microCGS est élevée au plus le matériau est paramagnétique.

Les mesures de tissus végétaux sont de l'ordre de grandeur d'unités de quelques dizaines de microCGS ; ou encore, selon Éric Petiot dans ses mesures sur les tissus vivants, cela peut aller jusqu'à 300 microCGS. Cependant, comme on l'observe souvent dans l'Électroculture, d'infimes fluctuations de valeur électriques, magnétiques ou ici paramagnétiques peuvent avoir des influences énormes sur la vie, sa croissance et sa santé.

Ainsi, la molécule comme l'oxygène en tant que gaz a un taux de paramagnétisme assez exceptionnel d'environ 3400 microCGS. Dans les oligoéléments solides les plus paramagnétiques sont par exemple le calcium (40 microCGS), le potassium (20 microCGS), le sodium (16 microCGS) ce qui est très faible dans l'échelle de valeur. Au niveau d'un sol cette échelle de valeur serait quasi insignifiante, mais au niveau d'une plante cela peut être important selon le processus dans lequel il est impliqué pour le bon fonctionnement des hormones de croissance, la photosynthèse, la croissance racinaire et végétative, les biosynthèses enzymatiques, etc...

Quand on mesure directement du bois, des feuilles ou un tissu végétal on arrive à des valeurs quasi insignifiantes d'ordre entre 0 et 30 avec l'appareil de Callahan (qui peut monter à plusieurs milliers de microCGS). Ce dernier n'a pas suffisamment de sensibilité pour des mesures de cette échelle.

L'eau qui compose la majeure partie d'une plante est fortement diamagnétique, donc zéro en paramagnétisme. Ainsi, en toute logique, ce qui peut influencer le taux de paramagnétisme dans une plante sera principalement le taux d'oxygène, qui varie selon le moment de la journée (ou des saisons) avec ses processus de respiration.

Réflexion de Éric Petiot sur la respiration des plantes et le paramagnétisme

De plus, Éric Petiot nous partage sa vision des énergies subtiles en considérant ces faibles fluctuations du paramagnétisme d'une plante et qui change en fonction de la journée. C'est à dire que le jour la plante rejette de l'oxygène (lié à la photosynthèse) et donc émet du paramagnétisme ; tandis que la nuit elle rejette principalement du CO_2 diamagnétique. Ce point de vue est très intéressant sur les changements de polarités en termes de paramagnétisme et diamagnétisme de la plante qui attirera forcément des énergies différentes selon sa polarité.

Les bons mycorhizes fertilisants du sol semblent aimer un environnement paramagnétique

Selon les recherches d'Éric Petiot, un des rares pionniers professionnels de l'agriculture qui parle aussi de l'importance paramagnétisme depuis de nombreuses années, il aurait découvert que les champignons mycorhizes, les endos- et ectomycorhiziens ne pourraient pas s'installer dans un sol qui a une valeur paramagnétique en dessous de 100 microCGS. Ces mycorhizes sont très importants pour la santé des sols, la croissance et le développement des plantes. Les champignons ont une importance primordiale pour la vie des sols, ils vivent souvent en symbiose avec les racines et aident les plantes dans l'absorption des nutriments et améliore la micro structure du sol.

Naturellement, il existe des mycorhizes bénéfiques et d'autres qui créent des maladies fongiques. Tous ne sont pas forcément souhaitables. Avec l'électroculture, on observe une tendance générale de toujours stimuler les organismes bénéfiques à la fertilité, donc bénéfiques pour la santé des sols et des plantes. Un champignon toxique créant une maladie fongique est aussi une forme de vie, mais pas la vie qu'on souhaite voir sur nos cultures bien entendu. On distingue donc une sorte de notion de qualité de forme de vie, entre ceux qui sont le signe de maladie et ceux qui participent grandement à la santé des sols, des plantes et animaux.

L'INTELLIGENCE EXTRÊME QUI RÈGNE DANS LA NATURE. UN PAS VERS DIEU

Quand on observe la nature par ses phénomènes subtils et mesurables qui nous entourent, elle n'en devient que plus passionnante et voire même d'une «intelligence» extrême.
A côté, on ne peut que se sentir tout petit et empli de modestie face à ses mystères. Restons humbles devant tant à comprendre et découvrir...

L'observation et l'étude poussée de la nature ne peut que nous rapprocher de Dieu, car cette intelligence ne provient pas de l'homme ni d'aucune créature qui nous entoure pris individuellement.

Cette vision originale ouvre la voie sur beaucoup d'hypothèses et de questionnements. Un grand nombre de recherches est encore nécessaire pour appréhender plus en détail le fonctionnement du paramagnétisme auprès des plantes.

Photo 9

Cette recherche sur le paramagnétisme a rapproché Phil Callahan de Dieu. Vers la fin de sa vie, il avait toujours une statuette de Marie avec lui, qui était creuse et remplie de basalte. Personnellement la reconnaissance de cette intelligence, mes observations et expériences en électroculture ont également participé grandement à mon introspection, réflexion vers la découverte du Christianisme et de Dieu. Les miracles qui nous entourent ne sont pas des hasards. Ainsi Callahan a remarqué que la plupart des lieux d'apparitions de la Vierge Marie dans l'histoire, sont des lieux riches en paramagnétisme.

Photo 9 : Couverture du dernier livre de Phil Callahan où il est interviewé. Il montre sa statuette de la vierge Marie, remplie de basalte paramagnétique. En conclusion d'une vie bien remplie, riche d'explorations, observations et de découvertes.

Cela m'a fait réfléchir. Pas loin de chez moi, dans les montagnes vosgiennes, en Alsace, il y a le célèbre Mont Sainte Odile. Et en contrebas, un petit village, Ottrott, connu en Alsace, et même au-delà, pour son excellent Rouge d'Ottrott, un pinot noir. Se situent également sur les communes d'Otrott et de Saint-Nabor, des carrières de basalte paramagnétique. Malheureusement celles-ci ne sont plus en activité. On dit que le hasard n'existe pas. Que le hasard serait une façon d'agir de Dieu tout en passant inaperçu.

Concernant l'activité du sol, un des seuls avantages du labour par exemple, est de l'aérer temporairement. Ce qui lui apporte de l'oxygène de l'air et donc du paramagnétisme, qui a un pouvoir très fertiliseur. L'aération du sol est bien un apport d'oxygène, ce qui le rend ainsi indirectement plus paramagnétique. Un sol compacté deviendra automatiquement plus diamagnétique et moins paramagnétique par l'absence d'oxygène.

On peut aussi « aérer le sol » en apportant du basalte paramagnétique. Alors l'effet sera indirect dans le sens où le paramagnétisme du basalte va stimuler le développement des organismes vivants comme les vers de terre, les micro-organismes et améliorer ainsi la structure du sol. Le résultat sera ensuite un sol plus meuble et aéré, naturellement, sans retournement. En réalité, ce seront les vers de terre et les microorganismes qui auront fait le « travail » et stimuleront les forces magnétiques de la terre à travers les particules paramagnétiques du basalte qui font le relai.

Un sol avec des particules paramagnétiques a l'avantage que celles-ci vont être toujours en harmonie ou en résonance avec les champs magnétiques terrestres. Ce qui en augmente son pouvoir fertile. Si le sol est riche en particules de fer, qui sont ferromagnétiques, alors il peut se passer l'inverse. Si ces particules, selon un heureux hasard, sont orientées nord-sud selon le champ magnétique terrestre alors, par une sorte d'effet d'Électroculture, cela pourrait augmenter la fertilité du sol. Dans le cas contraire, si les particules sont dispersées dans tous les sens, dans toutes les orientations, alors cela créerait une sorte de chaos magnétique contraire à l'orientation du champ magnétique naturel. Ce qui, de ce fait, perturbe la vie et réduit ainsi la fertilité globale du sol. Cela peut être une explication partielle des effets négatifs du travail du sol sur des sols riches en fer ou encore le travail avec des outils en fer dans des sols riches en fer.

Si l'outil magnétisé est plus fort que le champ magnétique naturel, alors cela amplifierait encore cette perturbation ; en magnétisant plus fort que le champ magnétique naturel de la terre (par effet ferromagnétique) toutes les particules du sol que l'outil pourrait toucher. C'est une hypothèse qui découle de la logique du paramagnétisme et ferromagnétisme des particules du sol. Ceci serait intéressant à vérifier et confirmer par des essais précis et nombreux.

LE PCSM OU L'APPAREIL DE MESURE DU PARAMAGNÉTISME

Photo 10

Il existe plusieurs appareils pour mesurer le paramagnétisme mais souvent ce sont des appareils de laboratoire extrêmement coûteux et peu pratiques, donc peu accessible pour tout un chacun. Pour cela Phil Callahan, avec l'aide d'une entreprise avait développé un modèle pratique pour l'agriculture, qu'on appelle le PCSM ou le Phil Callahan Soil Meter.

A l'aide de petits récipients on peut y introduire des échantillons de terre, de roches, de sables, graviers ou autre produit pour en mesurer la valeur paramagnétique.

On mesure la sensibilité de l'échantillon à un champ magnétique donné. L'échantillon est introduit dans un logement, enroulé d'une bobine électromagnétique ce qui lui permet de lui faire

Photo 10 : L'appareil PCSM Callahan à coté du nouveau modèle reproduit et renforcé PCSM Van Doorne

subir un champ magnétique et d'en mesurer sa réaction. Une partie électronique va analyser la réaction électromagnétique et en déduire une valeur de mesure relative comparé à un échantillon témoin dont le paramagnétisme est connu, et qui sert à calibrer l'appareil.

Photo 11

La précision de l'appareil est largement suffisante pour un usage agricole. Il existe des appareils de laboratoires encore plus précis mais bien plus onéreux souvent hors budget pour le besoin d'un conseiller agricole ou agriculteur. Avec une précision de 10 µCGS comme l'appareil d'origine de Phil Callahan cela me parait déjà largement suffisant pour un usage agricole, pour évaluer les qualités paramagnétiques des sols, des amendements, engrais, apports de poudre ou sables de roches de basaltes ou de laves.

La valeur de mesure est le Micro CGS ou micro centimètre gramme seconde, noté µCGS.
Cela correspondrait à la vitesse de déplacement des particules en micro centimètres vers les pôles d'un champ magnétique source d'une valeur standard donné.

L'inconvénient de cet appareil, est qu'il mesure la susceptibilité magnétique, qui comprend à la fois le paramagnétisme mais aussi le ferromagnétisme.

Photo 12

Photo 11: partie électronique du PCSM Van Doorne modèle de 2021
Photo 12 : Présentation de deux appareils PCSM : à gauche modèle Callahan et à droite modèle Van Doorne

On ne pourra pas différencier dans la mesure quelle est la part des particules ferromagnétique et celle des particules paramagnétiques. La partie ferromagnétique va masquer ou s'additionner au paramagnétisme. Cependant pour un usage agricole simple cela peut déjà apporter de bons services pour mieux comprendre son sol et ainsi aider au choix d'apports de basalte ou autres roches possiblement paramagnétiques comme certains granites, laves et cendres volcaniques.

La précision de l'appareil PCSM original de Callahan est d'environ 20 microCGS.

Mon appareil que je nomme le PCSM Van Doorne a une précision de 10 microCGS et une valeur de mesure bien plus stable que l'original. Des améliorations ont été apportées par rapport à l'original, au niveau de l'électronique par exemple. Et pour le côté pratique, une valisette plus solide.

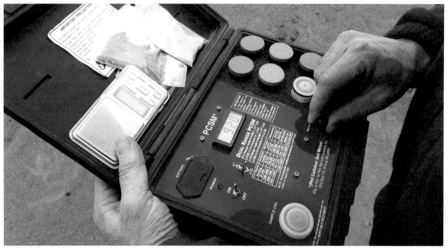

Photo 13

Quand on prend un aimant simple et qu'on le plonge dans du sable ou poudre de basalte, on y verra s'accrocher un amas de particules sur l'aimant par attraction. Ceci est principalement dû au taux de fer élevé de certains basaltes et donc dû au ferromagnétisme. On ne peut donc pas avoir une idée ou mesurer le paramagnétisme avec un simple aimant.

Photo 13 : Yannick Van Doorne fait un test d'un échantillon d'une livraison de basalte en forme de sable avec le PCSM

Voici les valeurs indicatives, selon Phil Callahan avec les mesures, à l'aide du PCSM : Entre 0 et 100 = sol pauvre ; entre 100 et 300 = bon sol ; entre 300 et 700 = très bon sol ; entre 700 et 1200 = sol supérieur ; entre 1200 et 3000 = bonne poussière de roche.

Le PCSM a besoin d'échantillons de 25 g qui sont introduits dans des récipients cylindriques (par exemple les boîtes des anciennes pellicules photos). On compare ainsi toujours des échantillons de 25 g. Si l'échantillon est humide, le résultat sera légèrement faussé, vers le bas, car l'eau est diamagnétique. Un échantillon sec donnera un résultat un peu plus élevé qu'un échantillon humide. Il est donc judicieux de mesurer les échantillons relativement secs pour éviter un résultat faussé par l'humidité.

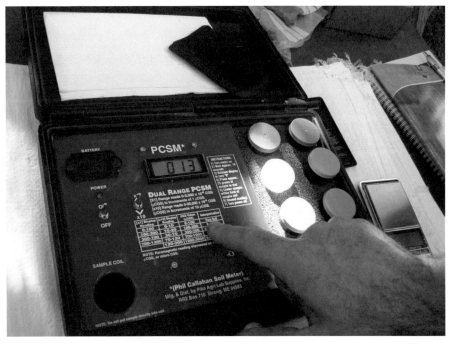

Photo 14

Photo 14 : Détail de l'appareil PCSM de Callahan

LE BASALTE COMME APPORT NUTRITIONNEL, MAGNÉTIQUE OU ÉNERGÉTIQUE ?

———

L'entreprise agricole ACRES au États-Unis a fait des recherches pour tenter de distinguer si la fertilité apportée par le basalte provenait de sa composition minérale et nutritionnelle pour les plantes ou de par son effet purement paramagnétique, par son rayonnement magnétique pour ainsi dire. On trouve les informations dans leur magazine du même nom : ACRES « paramagnetic effects on plant growth, september 2000 », ou traduit en français : «Les effets paramagnétiques sur la croissance des plantes, septembre 2000».
Pour cette expérience, ils ont isolé le basalte dans des contenants étanches et enterrés au pied des plantes ; ainsi le basalte n'est pas mélangé à la terre et n'est pas en contact direct avec les racines des plantes.

Par leur expérience, ils ont voulu différencier l'absorption nutritionnelle des minéraux du basalte de ces effets purement paramagnétique ou vibratoire dans le sol. Finalement, les particules paramagnétiques créent un champ magnétique autour d'eux en résonance avec le champ magnétique terrestre. Ce champ magnétique traverse toute substance, mêmela parois des contenants étanche et ainsi rayonne sur les organismes vivants qui se trouvent à proximité.

Première expérience de Ross Whitty, Gainesville, Floride.

L'objectif de cette expérience consiste à observer si des quantités croissantes de niveau de paramagnétisme avait un effet également augmenté sur la croissance de radis de manière proportionnelle. Ceci a été testé avec des substrats à 200, 400, 600, 800, 1 000 et 2 000 MicroCGS de valeur paramagnétique.
Le résultat est significatif, les racines deviennent plus longues, la masse totale et la densité végétale augmentent de façon significative et constante avec l'ajout du basalte et l'augmentation du paramagnétisme.

Deuxième expérience: Roger Haring, agronome de ACRES, Floride.

Haring choisi de faire des expériences sur la germination.
Pour cela il va entourer 3 grammes de roches paramagnétique d'un

film plastique pour l'isoler de la plante ou des graines. Il dispose des graines de haricot Mungo sur du coton humide, avec, en dessous cette roche paramagnétique entouré de film plastique qu'il va comparer avec un lot témoin sans la roche paramagnétique. Sur les 15 répétitions de l'expérience, il a mesuré en moyenne une augmentation de 19% de la longueur de la tige et 15% pour les feuilles et, pour le la biomasse totale, il mesurera 17% d'augmentation. Pour les racines, il a mesuré un poids sec augmenté de 3% en 10 jours. Pourtant, les racines n'avaient que le coton pour pousser, sans aucun autre sol comme substrat.

DECOUVERTE DE L'IMPORTANCE DU PARAMAGNETISME

Comment va-t-on faire pour améliorer son sol en paramagnétisme ?

En premier lieu, on peut faire des mesures dans les parcelles, de plusieurs échantillons, ici et là. Cela permet déjà d'avoir une idée de l'état de ses sols au niveau du paramagnétisme. Souvent je remarque avec mes clients que les parcelles où ils ont déjà de meilleurs résultats, les sols étaient souvent, comme par coïncidence, aussi un peu plus paramagnétique que les autres. Cela confirme donc encore une fois son importance.

Pour aller plus loin, on peut mesurer différents horizons du sol en profondeurs, car il se peut que parfois les particules paramagnétiques fines se retrouvent en profondeur après tant d'années de labour et de mauvais traitements. Alors on peut imaginer d'utiliser des plantes adaptées qui pourront tenter de remonter ces particules en surface par leurs racines profondes. Cette une hypothèse qui reste à vérifier par l'expérimentation.

En général si le sol n'a pas un passé, ou une origine volcanique, alors son paramagnétisme se trouve généralement entre 0 et 100 microCGS, plus près des cents pour les meilleurs. Il est rare d'observer des sols avec des valeurs plus élevées sauf sur des sols sur des zones volcaniques ou à proximité des fleuves prenant leur origine près des volcans, ou parfois au-dessus de couches géologiques de basalte ou de roche volcanique.

Influence du sous-sol

Ainsi, il se trouve une zone, d'une largeur de plusieurs kilomètres, d'une roche volcanique couvrant une partie de la Bretagne et de la Vendée. Il a été observé que les jardins se trouvant dans cette zone, ont en moyenne de bien meilleurs résultats et plus de légumes géants qu'aux alentours. C'est l'une de mes contacts, habitante dans la zone, qui a découvert cela en observant et visitant les jardins et fait la relation avec une carte géologique du secteur.

En Alaska se trouve une zone avec des plages de sable de quasi pure magnétite, c'est une roche très très paramagnétique. Cette roche est aussi en même temps ferromagnétique dut à sa haute teneur en fer. Dans les terres proches de cette zone côtière, les maraichers, sans trop savoir pourquoi, produisent des légumes géants. Sans raison apparente quand on ne connait pas l'électrocul-ture. Il se trouve qu'ils cultivent sur un sol très paramagnétique et qu'ils se trouvent sur une latitude assez élevée où le champ magné-tique terrestre est naturellement plus fort, au-dessus de la moyenne.

Georges Lakhovsky, chercheur dans le milieu médical dans la première partie du 20 ième siècle, célèbre pour ses circuits Lakhovsky, parle dans ses livres de l'importance de la nature de la roche du sous-sol sur la santé de tous les êtres vivants qui vivent sur place. Il ne connaissait pas encore la notion du paramagnétisme mais il avait déjà observé cela, tout comme Louis Claude Vincent, connu pour la recherche sur la bioélectronique.

Une fois qu'on a constaté l'état de ses sols, on réfléchit à un plan d'action.
Toutes les cultures ne vont pas réagir de la même manière, tous les sols non plus.
Certaines cultures vont montrer une amélioration quasi im-médiate après un apport de basalte, d'autres moins ou pas, d'appa-rence. Je dis bien d'apparence, car souvent on peut observer que la qualité de la récolte augmente fortement, ou l'absence ou diminution des maladies comparé aux parcelles témoins.

Il est bon d'apporter des ajouts de basalte en fin d'été, l'au-tomne est l'idéal, ou en début d'hiver. Ainsi les particules parama-gnétiques auront tout l'hiver pour agir sur les microorganismes du sol et s'incorporer dans le sol. Si on fait des apports en plein été, quand il fait sec, on risque de ne rien voir comme résultat la première saison car le sol étant sec, la vie du sol est aussi au ralenti. Il semble y avoir une interaction entre l'eau et les particules paramagnétiques, qui en augmentent ses effets pour la fertilité des sols.

Globalement je conseille un ajout de 500 kg à une tonne/ hectare, pas plus pour commencer car parfois le basalte peut avoir un pH assez alcalin et mieux vaut y aller en plusieurs fois si on veut vraiment, par exemple, atteindre un dosage jusqu'à 10 tonnes ha. On peut faire un plan, par exemple, d'ajouter 300 kg, 500 ou 1000 kg par an par ha, et ce sur 10 ans.

Je conseille une tonne / ha pour la raison suivante : c'est que je préfère que l'agriculteur constate assez vite du changement positif en mettant la dose, plutôt que de risquer qu'il ne voit rien et après se décourage et arrête.

Je connais des agriculteurs qui n'hésitent pas à mettre 10 tonnes à l'hectare. Selon leur témoignage, cela a bien fonctionné pour eux et la différence est nettement visible dans leurs champs. Cela correspond à 1 kg au mètre carré dans un jardin potager. C'est ce que j'ai fait personnellement dans mes serres et potager. Pour moi il n'y a pas photo, les effets sont bien là, c'est une orgie de vers de terre, en automne le sol se tapisse littéralement de leurs déjections fertilisantes. Depuis, lors de grosses pluie, l'eau s'évacue bien plus rapidement par ces milliers de galeries qu'ils laissent sur leur passage.

L'effet du basalte peut prendre son temps car cela va d'abord agir sur la vie du sol et elle a besoin de se développer. Il faut le temps au temps... Les effets positifs s'accumulent généralement avec le temps.

Un premier effet observable dès la première année, est l'amélioration de la structure du sol, plus de porosité, plus de vie, plus de vers de terre, une meilleure absorption de l'eau et des pluies, une plus grande résistance à la sècheresse.

Le dosage peut dépendre aussi de la valeur paramagnétique du basalte qu'on peut trouver et de sa granulométrie. Il est évident que si l'on dispose d'un basalte avec une valeur paramagnétique très élevée, il aura bien plus d'effets théoriquement qu'un basalte avec une valeur moins élevé. J'écris théoriquement car dans la pratique ce n'est pas toujours le cas, il y a des mystères encore à élucider pour tout comprendre car parfois selon certains tests d'Éric Petiot et de moi-même, on observe que certains basaltes moins paramagnétiques peuvent avoir de meilleurs résultats. Souvent je remarque cela avec les basaltes en poudre très fines.

GRANULOMÉTRIE DU BASALTE. LE CHOIX DE SABLE OU DE POUDRE

On peut imaginer qu'avec une granulométrie très fine, en poudre, on augmente considérablement le nombre d'antennes radio du champ magnétique terrestre à l'échelle microscopique, pouvant ainsi atteindre une plus grande surface et plus de microorganismes directement.

Cependant, le prix et la rentabilité de l'opération entrent aussi en jeu, car la poudre micronisée est toujours, ou bien souvent, plus chère que les formules sous forme de sables.
C'est toute une réflexion qu'on peut avoir et qui nous permet de mieux comprendre le fonctionnement et les résultats qu'on peut en obtenir.

Tableau en référence aux mesures en microCGS avec l'appareil PCSM

Type de sol	Sol pauvre	Sol bon	Sol très bon	Sol supérieur
En microCGS	Entre 0 et 100	Entre 100 et 300	Entre 300 à 700	De 700 à 1200
Roche volcanique et basalte	Bon	Très bon	Supérieur	Excellent basalte
En microCGS	Entre 1000 et 2000	Entre 2000 et 3000	Entre 3000 et 5000	Au dessus de 5000

Tableau 1

Attention au taux de fer qui apporte du ferromagnétisme et fausse la mesure. Un taux en microCGS entre 1000 et 3000 dans un échantillon sans fer est considéré comme un excellent basalte.

La plupart des basaltes qu'on trouve en France jusqu'à présent, se situent entre 1000 et 5000 microCGS. En Allemagne, on peut en trouver jusqu'à 12 000 microCGS et une mine bien connue propose du basalte d'environ 9000 à 9500 microCGS.
Dans une même mine, selon la veine exploitée et lot, les valeurs peuvent fluctuer, parfois de beaucoup. Il est bon de vérifier de temps en temps.

Tableau 1 : Tableau des valeurs de mesures du paramagnétisme et leur signification.

| Dilution du basalte

Quand on apporte du basalte au sol, il va se diluer sur et dans le sol. Ainsi le sol va augmenter lentement en paramagnétisme et monter graduellement avec les applications de 50 à 100 microCGS, voire vers les 300 microCGS qui serait très bien. Le fait que le basalte se dilue ne veut pas dire qu'il diminue en paramagnétisme. Simplement, la mesure de l'échantillon sera plus faible lorsque le basalte est mélangé à la terre, mais le basalte sera tout aussi efficace dans le rayonnement de ces bonnes énergies.
Dans ce sens, au plus on va apporter de particules paramagnétiques, au plus on va apporter ces bonnes énergies magnétiques aux plantes et au sol.

| Machines pour épandre le basalte

Pour épandre le basalte, il existe plusieurs solutions.
Certains le mélangent à leur compost, puis épandent le mélange basalte + compost avec l'épandeur à compost.
D'autres utilisent un épandeur à disques. Attention !Le basalte est très dur et abrasif, il use extrêmement vite les disques. Ou alors il faudrait des disques ultra résistants.

Il est bon de griffer le sol légèrement pour aider à incorporer le basalte afin qu'il agisse plus rapidement avec les micro-organismes du sol. On peut aussi attendre que la nature, les intempéries et les vers de terre se chargent de le mélanger naturellement.
Quand le sol est couvert, le mélange se fait naturellement avec le paillage.

Photo 15

Photo 15 : Épandeur à disques pour mettre derrière un tracteur. Existe aussi en petit, à tracter à la main comme une brouette.

Photo 16

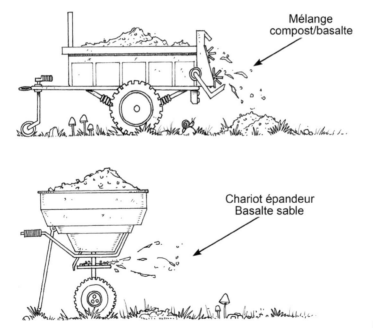

Mélange
compost/basalte

Chariot épandeur
Basalte sable

Dessin 3

Photo 16 : Disque d'épandage vu de près. Le basalte est très abrasif et risque d'user les disques plus rapidement que les produits d'épandage habituels
Dessin 3 : Machines utilisées pour épandre le basalte. La remorque d'épandage à compost et l'épandeur à disque.

TÉMOIGNAGES

———————

Photo ci-dessous : A droite, deux rangs de haricots nains avec 1kg de basalte par mètre carré, à gauche sans basalte. (Test effectué l'été 2013 dans le jardin d'un ancien voisin, dans la plaine alsacienne).

Photo 17

A l'échelle d'un hectare, 1 kg au mètre carré équivaudrait à 10 tonnes. Dans la pratique, je conseille de mettre au minimum une tonne à l'hectare, ce qui améliore déjà beaucoup sa fertilité naturelle. Au fil des années, on peut en ajouter davantage, ce qui cumulera et augmentera le paramagnétisme global du sol de façon durable.

L'anecdote sympathique est que ce voisin se plaignait, avant de suivre mes conseils, de ses médiocres résultats obtenus avec la terre de son jardin. Pourtant, chaque année il rajoutait du fumier

Photo 17 : Deux rangs de haricots à droite ayant reçu du basalte dynamisé sous pyramide comparé aux 2 rangs à gauche témoin.

dans son sol lors de son labour, pensant bien faire. Malgré cela, ses légumes ne poussaient pas bien et les résultats étaient en dessous de ses attentes. Je lui ai alors proposé quelques sacs de basalte que j'avais préalablement entreposé dans une pyramide en tube de cuivre pour le charger en plus du paramagnétisme de l'énergie pyramide. Quelques semaines après, Gérard, mon voisin m'appelait pour me montrer les résultats dans son potager. Dont voici les photos! C'est impressionnant.

L'observation montre une meilleure levée, ou germination, sur les rangs avec l'ajout de basalte. Par la suite les plants sont devenus plus grands, verts et vigoureux.

Photo : A gauche, deux rangs de carottes avec basalte; à droite, deux rangs sans basalte. La photo parle d'elle-même.

Photo 18

Il est utile de rappeler qu'il n'y a ici aucun autre ajout de fertilisant quelconque, en dehors du basalte, qui est une roche neutre et durable. Ce basalte ajouté pourra continuer à donner ses effets

Photo 18 : Carottes avec basalte : 2 rangs à gauche; témoin 2 rangs à droite. Basalte préalablement dynamisé sous pyramide.

bénéfiques pour tout le temps de sa présence, donc possiblement des centaines d'années s'il n'est pas lessivé avec les eaux de pluies par exemple. C'est un peu comme si on pose un caillou sur le sol, dix ans après, le caillou est toujours là. Ce n'est pas comme un fertilisant qui se solubilise, est éventuellement absorbé et change de forme chimique dans la plante et le sol. Ici le basalte fera partie intégrante du sol et apportera continuellement ses effets paramagnétiques bénéfiques à la vie qui l'entoure, les plantes, les vers de terres et micro-organismes. Un peu comme un aimant qui rayonne son magnétisme autour de lui, ici c'est du paramagnétisme en résonance avec le magnétisme naturel de la terre.

La plupart des plantes, fruits et légumes apprécient le basalte. Cependant, il faut être prudent et l'utiliser avec bon sens et toujours avec esprit critique. Dans la nature il y a des plantes adaptées à leur environnement, il se peut qu'il y ait des plantes qui n'aiment pas le basalte et ses énergies. En tout cas, ici on constate que les carottes et haricots l'apprécient. De par les témoignages qui nous parviennent, on a remarqué de très bons effets sur les fraises, salades, tomates, poivrons, rhubarbes, framboises, courgettes, courges, céréales, maïs, choux, arbres fruitiers comme les pommiers, poiriers, quetsches, mirabelles, noyers, pêches, abricots, tilleuls, bananiers, caféiers, mangues, papayes, vanilles.

| Culture de haricots sur gravier paramagnétique

Photo 19

Photo 19 : Semis de haricots dans du gravier de basalte entre 2 pots en terre cuite, le pot central servant d'oya pour garder l'humidité du gravier et faciliter l'arrosage

En 2019 j'ai fait un essai de culture de haricots dans du gravier paramagnétique, lavé de toute poussière à coup d'une dizaine de rinçage à l'eau claire de source. Dans les pots, j'ai ajouté un autre pot en terre cuite rempli d'eau pour faire office de «oya», pour garder le milieu humide et aider à la germination des graines. Un pot était équipé d'un circuit Lakhovsky et d'une antenne atmosphérique en plus et c'est dans ce pot que les graines ont germé et levé le plus vite. Dans les deux pots, les graines ont germé et poussé jusqu'à donner des haricots. La récolte n'était pas exubérante, mais les plants étaient sains et poussaient semblablement aux plants cultivés dans de la terre non amandée.

On aurait pu s'attendre à ce que les haricots soient frêles et jaunâtres par manque de nutriments, il n'en était rien. Les pots remplis d'eau ne suffisaient souvent pas à garder le gravier humide par temps chaud et venteux en été. Ce qui créa beaucoup de stress aux plants, plus qu'en pleine terre où les fluctuations d'humidité et sécheresses sont moindres que dans du gravier. Cette expérience pose de nombreuses questions sur nos préjugés et théories autour de la fertilité. Car là, on observe bien la croissance de haricots dans du gravier et non pas dans de la terre riche en fertilisants.

Photo 20

Photo 20 : Plants de haricots qui poussent dans un lit de gravier de basalte paramagnétique sans aucune terre ni engrais.

Dans de vieux articles de l'entre-deux guerres du siècle dernier, on peut lire qu'un des pionniers inventeurs de l'Électroculture, Justin Christofleau, arrivait à faire pousser du blé à hauteur d'homme, avec une production record, dans du gravier connecté à son système d'antenne fertilisateur atmosphérique ou terrestre.

| Usage en arboriculture

Lors de la plantation, un à cinq kilos de basalte peuvent être ajoutés dans le trou de plantation, mélangés à la terre, compost ou terreau. Dans ce cas, la granulométrie a peu d'importance. On choisit un basalte avec minimum plus de 1000 microCGS, plus il est paramagnétique mieux c'est évidemment. Pour les arbres déjà en place, on peut épandre jusqu'à un kilo au mètre carré sur toute la surface de la couronne de l'arbre et avec minimum un kilo par arbre.

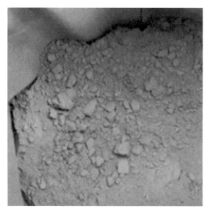

Pour donner un effet stimulateur rapide, on peut prendre du basalte en poudre et le mélanger à l'eau, ou mieux encore, une eau dynamisée. On peut y ajouter aussi une solution choisie de bons micro-organismes issus d'une fermentation lactique de plantes, puis le pulvériser sur tout l'arbre. J'ai déjà vu plusieurs arbres malades ou en difficulté reprendre une croissance vigoureuse après cela.

Photo 21

Après avoir épandu du basalte, en cercle autour de son pied, il a guéri. C'est un participant, lors d'un de mes stages, qui avait remarqué que c'était encore plus puissant sur le champ d'énergie de l'arbre si on épandait le basalte en forme de cercle à environ un à deux mètres autour du tronc. Nous l'avions vérifié par des tests de mesure de vitalité et effectivement il y a un effet plus grand.

Photo 21 : Basalte en poudre fine

Photo 22

     C'est ainsi que le tilleul a été soigné et depuis déjà plusieurs années, il n'a plus eu cette maladie sur ses feuilles. Donc selon cette méthode, on épand le basalte en cercle, comme un anneau autour de l'arbre. La nature des vers de terre et le travail du sol des micro-organismes et insectes feront leur œuvre pour le mélanger petit à petit avec le sol.

Photo 22 : Basalte en poudre fine épandu en cercle autour d'un mirabellier qui a besoin d'une stimulation vitale.

Photo 23

On remarque que les arbres fruitiers plantés avec du basalte résistent bien mieux à la sécheresse et au stress climatique en géné-ral. L'effet de résistance ou tolérance à la sécheresse est marquant. Il est probable que la terre agrémentée de basalte retienne mieux l'eau. De plus, l'effet stimulateur de la vie microbienne et des vers de terre améliore la structure et le complexe argilo-humique de la terre. Ce qui est bénéfique pour la gestion de l'eau.

Ce phénomène de rétention hydrique augmenté a aussi été observé quand on a semé les graines. On mélange alors un peu de basalte avec le terreau de semis et on remarque que s'il y avait besoin par exemple d'arroser tous les 2 jours, le terreau maintient l'humidité bien plus longtemps. Ce qui permet de réduire facilement de moitié son rythme d'arrosage, en espaçant par exemple, tous les trois à quatre jours au lieu de deux jours. C'est un exemple, àtitre indicatif, tout dépend naturellement des conditions de culture des semis de chacun et de la météo.

Photo 23 : Détail de l'épandage en surface du basalte autour d'un arbre à renforcer

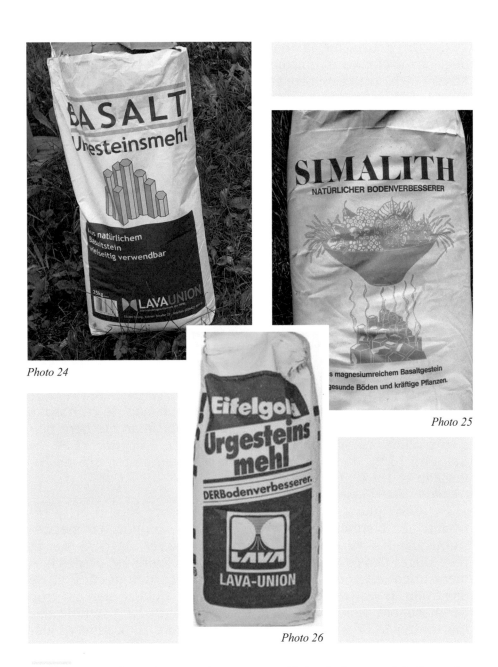

Photo 24

Photo 25

Photo 26

Photo 24 : Sac de basalte en poudre Urgesteinmehl de très bonne qualité d'une valeur paramagnétique généralement au dessus de 1900 microCGS

Photo 25 : Emballage d'un sac de basalte appelé Simalith, peu connu mais aussi très éfficace pour améliorer les terres

Photo 26 : Ancien emballage du célèbre Eifelgold, connu pour ses propriétés fertilisantes en agriculture

On trouve sur le marché différents basaltes. En photos, quelques exemples d' emballages de sacs de poudre de roche de basalte de la société minière Lava Union. Leur logo montre un volcan qui expulse ses cendres de lave. Le volcan fait partie d'une forme bien plus grande comme un gigantesque toroïde et double pyramide ou comme un sablier reliant le ciel à la terre et vice versa.

Il y est écrit «Urgesteins-mehl», ce qui veut dire de la farine des roches d'origine. Il y est ajouté « Bodemverbesserer », ce qui veut dire amélio-rateur de sol. Au fil des années leur emballage change mais la qualité du basalte est toujours là.

Photo 27

Sur l'emballage on peut lire la compostion de ce basalte commercialisé par la société de mines Lava Union qui gère plu-sieurs mines en Allemagne. Il y a 44% de Silicium, 11 % de Calcium, 13 % de Magnésium, 11% d'Oxyde de fer, 1% de Po-tassium et 1% de Phosphor.

C'est une compostion très intéressante quand on y ré-fléchit. Les bienfaits de la silice sont bien connus. Le magné-sium quand à lui, aide beaucoup à améliorer les défenses et résistances des plantes aux maladies. Le calcium est un des élé-ment important pour une bonne croissance des plantes et de des fruits. Il y a très peu de phosphore, ce qui est bien car trop de phosphore peut être très négatif pour le développement des mycrohizes et on a vu que le paramagnétisme du basalte va jus-tement favoriser le développement des mycorhizes.

Photo 27 : Composition minérale du basalte appelé Urgesteinsmehl distribué par Lava Union

LE BASALTE COMME BATTERIE QUI SE RECHARGE DE L'ÉNERGIE PYRAMIDE

Photo 28

Photo : Tas de basalte d'environ 25 tonnes chez Yannick R. céréalier dans la Marne, qui bénéficie d'un traitement pyramide avant épandage dans les champs. On peut en plus dynamiser le basalte quelques jours dans une pyramide en cuivre. Cela va le charger de ce que j'appelle « l'énergie pyramide ».

Celui-ci semble très réceptif pour accumuler les énergies bénéfiques des pyramides. Alors, cette pratique est parue évidente et s'est fortement développée ces dernières années : charger le basalte quelques heures à quelques jours en énergie sous la pyramide avant d'aller l'épandre dans les champs.

Photo 28 : Dynamisation d'un tas de 25 tonnes de sable de basalte sous une pyramide en cuivre d'environ 5 mètres de diamètre.

Photo 29

La durée du traitement est encore difficile à évaluer pour plusieurs raisons extérieures qui peuvent influencer les effets d'une pyramide. Il est généralement conseillé quelques jours et si possible lors de forte activité électrique et géomagnétique sur terre et forte activité magnétique solaire, lors d'orages solaires par exemple.

Une pyramide va amplifier localement toutes ces influences bénéfiques du cosmos et de la terre et ainsi charger en énergie le basalte. Elle ne va pas augmenter le paramagnétisme mais va plutôt charger le basalte d'une énergie bénéfique supplémentaire qu'on pourrait appelée «énergie pyramidale» (pour faire simple). Les particules paramagnétiques du basalte ont des propriétés d'actions comme antenne récepteur-émetteur avec le champ magnétique terrestre.

Photo 30

Photo 29 : Dynamisation du basalte sous une pyramide en cuivre avant épandage dans les champs
Photo 30 : Sable de basalte de plus de 9000 microCGS en provenance d'Allemagne utilisé pour augmenter le paramagnétisme dans les champs

Ainsi ces particules, un peu comme une radio, vont capter le champ magnétique terrestre, l'amplifier localement, et ré-émettre ce champ magnétique amplifié tout autour d'elles ce qui est très stimulant pour le développement de la vie, des micro-organismes, vers de terre et plantes. La particule de basalte n'est pas de la matière organique en soit mais elle va stimuler très fortement la vie organique du sol par son action. On constate alors que la vie organique du sol augmente, son taux de matière organique augmente durablement et la structure du sol s'améliore grandement. Chacun de ces facteurs participe à augmenter fortement la fertilité.

DYNAMISER L'EAU AVEC UN TUYAU REMPLI DE ROCHE PARAMAGNÉTIQUE

Au Mexique, un jardinier passionné, Daniel, quia découvert l'Électroculture à travers mon site internet et mes groupes sur les réseaux sociaux,a mis en application et expérimenté mes techniques. En bricolant avec les moyens du bord et ça a très bien marché.

Il a traité l'eau d'arrosage d'une menthe avec un tuyau de cuivre d'un mètre rempli de gravier de roche volcanique. Au bout du tuyau, il a ajouté quelques aimants. Mais le basalte paramagnétique faisant déjà office d'aimant naturel, et bien mieux,il rend l'usage d'autres aimants en réalité inutile. Il se peut même que si l'aimant est trop fort, il pourrait diminuer l'effet du basalte, car il risque d'effacer les bonnes informations et vibrations transmises par le basalte. Je déconseille donc l'usage d'aimants dans ce cas. Une autre raison est que, selon l'orientation et la direction des pôles, en fonction du sens de passage de l'eau, une direction ou un pôle peut stimuler et à l'inverse inhiber. Pour éviter toute erreur, quand on ne connait pas assez ces influences, il vaut donc mieux n'utiliser que le basalte, sans les aimants.

Photo 31

L'eau qui se faufile entre le gravier est dynamisé par la roche paramagnétique, et dynamisée par les milliers de petits vortex autour du gravier. Le gravier de roche paramagnétique va agir comme des centaines de petits aimants qui vont magnétiser et informer l'eau. L'eau subit ainsi un traitement magnétique naturel extrêmement bénéfique pour ses qualités fertilisantes et dynamisantes sur les organismes vivants.

Photo 31 : Tube rempli de roche volcanique assemblé par Daniel avec les moyens du bord

Le diamètre du tuyau n'a pas vraiment d'importance, du moment que le gravier rentre bien et qu'il y ait assez de place pour que l'eau se faufile autour et à travers.

Il faut prendre une granulométrie ni trop fine, ni trop grosse et en fonction du tube ; ceci pour que l'eau puisse circuler et aussi créer les petits tourbillons. Le gravier qu'il a choisi est une sorte de pouzzolane appelé Tezontle. Ce dernier assez poreux, très paramagnétique et accessible facilement au Mexique comme matériau de construction. Il a aussi beaucoup d'oxyde de fer qui lui donne la couleur rouge. Le gravier peut être bloqué aux extrémités du tube par un petit grillage (inox ou cuivre) ou un raccord plus petit.

Photo 32   Photo 33

Depuis 2020 je fabrique ces tubes remplis de basalte hautement paramagnétique, fermés par des grilles inox, pour dynamiser l'eau en agriculture, irrigation et arrosage. Les diamètres vont de 20 mm à plus de 50 mm ce qui permet pour le petit modèle de dynamiser son eau d'arrosage pour le jardin ou pour le plus grand modèle de dynamiser l'eau de remplissage des pulvérisateurs agricoles ou des systèmes d'irrigation.

Photo 32 : Plant de menthe témoin avec des petites feuilles
Photo 33 : Plant de menthe arrosé avec l'eau dynamisé avec le tube de roche paramagnétique, les feuilles sont nettement plus grandes que ceux du groupe témoin

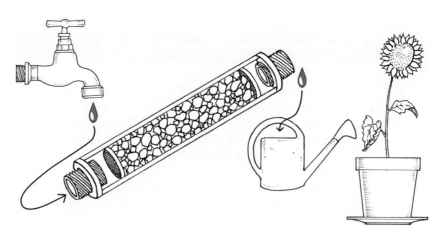

Dessin 4

Dans le tube il est ajouté aussi des cristaux, techniques ou substances qui permettent encore d'améliorer l'efficacité pour améliorer l'information et la structure de l'eau pour le bénéfice du sol et des plantes. Le grand avantage de cette technique est sa simplicité alliée à son efficacité.

Encore plus simple : l'utilisation de gravier ou de roches de basalte pour dynamiser l'eau stagnante, par exemple dans les étangs ou dans le récupérateur d'eau du potager. Il a été observé que l'eau a tendance à rester claire et cristalline bien plus longtemps dans ces conditions. C'est encore une fois une application simple et efficace qui ne mange pas de pain, comme on dit.

Dessin 4 : Tuyau rempli de basalte. Différence de pousse entre les plants avec l'eau d'arrosage témoin et ceux avec l'eau d'arrosage traité à travers le tube de roche volcanique.

APPROFONDISSEMENT AU SUJET [PARAMAGNÉTISME

———————

Dans une interview de Phil Callahan, par Graem Sait, publiée dans le magazine Nexus en 2003 on apprend encore de nouveaux éclaircissements extrêmement intéressants. Ces derniers concernant le fonctionnement des roches paramagnétiques sur la fertilité des sols. Phil Callahan raconte que sa curiosité vers ces matériaux particuliers est venue par l'étude des sites sacrés sur terre. Il s'est posé la question s'il pouvait y avoir un lien entre les apparitions de Marie par exemple, ou d'autres phénomènes mystérieux sur des sites sacrés (des religions catholique, musulmane, bouddhiste ou des aborigènes d'Australie) en lien avec la nature des roches qui s'y trouvaient. Il a ainsi pu découvrir un point commun, la plupart de ces sites étaient composés de roches paramagnétiques, souvent bien plus qu'aux alentours. En outre, il a remarqué qu'il y avait en général sur ces lieux une végétation luxuriante et des arbres remarquables. Les plantes y poussaient globalement mieux qu'ailleurs. Selon ses observations, le lien entre le paramagnétisme et la fertilité lui est paru évident.

J'ai moi-même fait les mêmes observations sur le site du mont Saint Odile, un lieu très connu en Alsace. C'est à la fois un haut lieu spirituel de pèlerinage, un lieu de promenade et de visite. Sur le mont et autour il y a plusieurs arbres remarquables poussant sur de gros blocs de roche de grès des Vosges. En contrebas du mont se trouvent d'anciennes mines de basalte.
Je dois dire que le Mont Sainte Odile a toujours été pour moi d'une grande inspiration, personnelle et pour le développement des techniques d'Électroculture.

Phil Callahan a ensuite émis l'hypothèse que ces roches paramagnétiques jouaient un rôle majeur dans la fertilité des sols. Qu'elles apportaient une énergie importante pour les plantes et micro-organismes. Puis, des agriculteurs ont commencés à suivre ses recommandations d'apporter des roches paramagnétiques sur leur sol et les bons résultats se sont accumulés. Ils ont observé un rapport direct entre le paramagnétisme et la valeur productive de leur terre.

La biophotonique du basalte selon une expérience avec Albert Fritz Popp

Lors d'une visite chez Fritz Popp, grand spécialiste mondial de la biophotonique, Phil Callahan et celui-ci ont pu faire des mesures de l'émission de photons des roches. Fritz Popp expérimente avec des appareils qui permettent de mesurer très précisément de très faibles quantités d'émission de biophotons. Il appelle les biophotons, la lumière de basse intensité émise par la surface de tout être vivant. Ainsi, il a pu démontrer que tout organisme vivant émet de la lumière, mesurable par ces appareils électroniques. La technologie d'aujourd'hui permet de le faire de plus en plus précisément et de façon de plus en plus abordable. Ce qui extrêmement intéressante pour la recherche. Des légumes frais émettent plus de biophotons que des légumes de plusieurs jours après cueillette.

Cela semble logique et évident que la quantité de photons émise diminue avec le temps, proportionnellement à la perte de vitalité ou ce qu'on pourrait appeler d'énergie vitale de l'aliment. Fritz Albert Popp a l'habitude de mesurer l'émission de photons des fruits, légumes, microorganismes et tout organismes vivants, mais en fait peu les roches. Ces dernières qu'il savait ne pas trop émettre de photons. Avec Callahan, ils ont été surpris de mesurer une grande quantité d'émission photonique des roches paramagnétiques.

Une nouvelle hypothèse en a émergé : et si les roches paramagnétiques émettaient de la lumière photonique et qui serait captée par les racines des plantes ? Comme des sortes de fibresoptiques qui collectent l'énergie, pour ensuite participer au processus de photosynthèse.

Alors, le grand inventeur Callahan fit une nouvelle expérience. Il disposa un système dans le sol avec un film photographique sensible. Il a ainsi pu mesurer les photons émis par les racines dans le sol. Cela a confirmé son hypothèse : les racines peuvent agir comme une sorte d'émetteur récepteur de biophotons, comme une fibre optique végétale dans le sol.

Callahan prétend que la force paramagnétique est de la lumière pour les racines. La roche paramagnétique est comme un transducteur qui capte le magnétisme du cosmos pour le renvoyer aux racines. Fritz Pop a mesuré qu'une roche très paramagnétique émet entre 2000 et 4000 biophotons. Il exprime la mesure en général en nombre de biophotons émis par une surface par centimètre carré à la seconde. Quand on pose cette roche dans du compost vivant, le tout va produire jusqu'à 400 000 biophotons à la seconde! C'est une activité biophotonique 400 à 800 fois plus amplifiée que la roche sans le compost vivant. Cela en fait un vrai générateur de lumière pour les racines, 24h sur 24h, 7 jours sur 7, hiver comme été.

Une expérience sur du seigle lui a permis de comprendre cette interaction entre les micro- organismes du sol, les racines et le paramagnétisme. Il a fait pousser du seigle sur un sol sableux pauvre de seulement 60 microCGS de paramagnétisme et a nourri ce sol avec des roches paramagnétiques. Avant le traitement, il comptait 10 à 15 nodosités symbiotiques des bactéries fixatrices d'azote sur les racines du seigle. Après avoir apporté de la roche paramagnétique, il a mesuré 200 nodosités!

Ceci confirme le témoignage des effets énormes du basalte, observés sur la culture de haricots. On aurait pu supposer que le haricot n'ai pas besoin d'engrais azoté, étant qu'il peut fixer lui-même l'azote avec les nodules de ses racines. Mais au vu cette nouvelle compréhension, ce n'est pas le cas. Même les haricots, et les plantes légumineuses fixatrices d'azote, pourraient aussi bénéficier grandement des forces paramagnétiques. Ce qui augmente encore plus leur pouvoir naturel fixateur d'azote en symbiose avec les bactéries des nodosités de leurs racines.

Un autre chercheur appelé Bruce Tainio, a mesuré une augmentation de 300% des microorganismes avec de la roche paramagnétique broyée en poudre.

| Le basalte qui augmente la matière organique des sols

Mon hypothèse est qu'il vaut mieux apporter une tonne de roche paramagnétique à l'hectare, qu'une tonne de matière organique sous forme de compost.

Prenons comme exemple un champ d'un hectare, imaginons qu'il y ait une tonne de microorganismes et vers de terre présente sur ce champ. Le fait d'apporter une tonne de compost fera juste une tonne de matière organique en plus, qui va disparaitre en moins d'un an en général. Avec l'apport de basalte, la situation est bien différente, comme stimulateur de la vie du sol, les microorganismes et vers de terre pourront augmenter jusqu'à 300% si on en croit la mesure de Bruce Tainio.

Cela veut dire que s'il y avait une tonne de matière organique présente en microorganismes cela pourrait devenir 3 tonnes en moins d'un an, voir bien plus rapidement. Après, rien n'empêche de faire les deux, ce n'est pas un avis anti- compost, loin de là. C'est juste une approche pour amener à réfléchir la fertilité différemment, et durablement, en apportant des solutions réelles et pérennes. Au lieu de la logique du consommable «annuel», de qui est le cas pour le compost et les engrais classiques.

Cela permet de sortir de la spirale infernale de la consommation perpétuelle d'engrais et pesticides avec ses coûts récurrents, sans compter ses effets secondaires dévastateurs pour la nature, la faune et la santé. Des désagréments qu'on peut éviter facilement avec un peu d'intelligence et des techniques nouvelles .

Selon moi, on peut y retrouver la notion de santé «Le microbe n'est rien, le terrain est tout». Si les forces énergétiques d'un terrain sont défavorables au développement des bons microorganismes, on a beau y apporter tous les ans du compost et des microorganismes, elles mourront ou ne se développeront que peu.
Dans le cas contraire, si le terrain a un environnement énergétique, électromagnétique rempli de forces de vie bénéfiques aux microorganismes ; alors, un simple apport, même infime, sera amplifié, au plus grand bénéfice de l'ensemble. Il est même fort probable que dans ce cas, les bons microorganismes soient déjà fortement présents et qu'un apport extérieur minime suffise.

Soigner les forces propices à la vie saine d'un terrain a directement pour conséquence l'augmentation de la fertilité et la réduction des maladies et déséquilibres de tout genre. Apporter des microorganismes par du compost ou divers préparations de plantes à un sol sans soigner la présence de ses forces de vie est comme un coup d'épée dans l'eau.

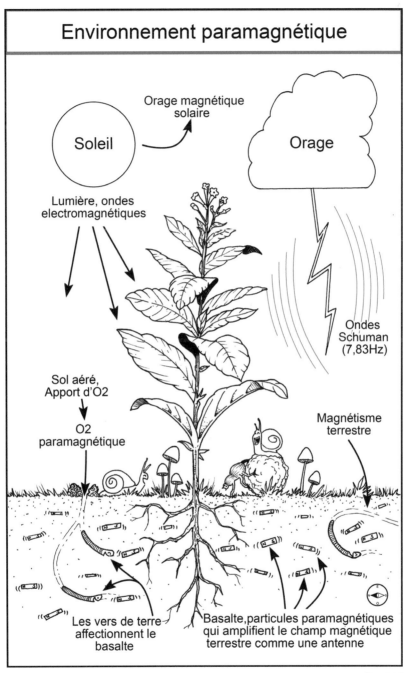

Dessin 5: Dessin qui détaille les influences du basalte et du paramagnétisme pour aider à augmenter la fertilité des sols

Je considère qu'un apport de basalte paramagnétique d'environ une tonne à l'hectare (100 grammes au mètre carré) va facilement doubler, voire tripler durablement la population de vers de terre dans un sol. En tout cas, c'est ce que j'observe dans mon jardin, sur les zones où il y a eu des apports importants de roches paramagnétiques, la population de vers de terre y est impressionnante.

Quand on est conscient de l'importance des vers pour leur rôle dans la fertilité du sol, le constat est vite fait. S'il y a par exemple, dans une situation de sol avec une présence d'une tonne de vers de terre à l'hectare, il se peut que le fait d'amener seulement une tonne de basalte à l'hectare double ou triple cette population ; avec tous ses effets bénéfiques pour la fertilité. Ce serait très instructif d'approfondir cet aspect par des mesures plus détaillées dans des recherches scientifiques.

Justement une étude scientifique de 2019 « Increased yield and CO_2 sequestration potential with the C4 cereal Sorghum bicolor cultivated in basaltic rock dust-amended agricultural soil » sur les effets d'un apport de poudre de roche basaltique sur la séquestration du carbone dans le sol confirme en grande partie cette observation.

Dans cette étude, ils ont apporté une forte dose de poudre de basalte au sol à hauteur de 10 kilos au mètre carré. La récolte de sorgo a augmenté significativement de 21%, ceci sans aucun apport d'engrais azoté ou potassique dans les 120 jours précédant la récolte. La concentration en silice, des pousses des racines a augmentée de 26% ; ce qui peut donner des effets bénéfiques sur la résistance aux stress climatiques comme la sécheresse et les maladies de la plante. Ils disent qu'un seul apport de basalte peut ainsi séquestrer 2 à 4 tonnes de CO_2 à l'hectare et ceci pour les 1 à 5 années suivant l'apport initial de basalte. Selon l'article, ceci représente un quadruplement du pouvoir de séquestration en carbone du sol comparé à un témoin sans apport de basalte.

On y lit encore que le basalte représente une alternative peu onéreuse pour fertiliser les terres, comparé à l'apport d'engrais azotés et potassiques. Alors que ces derniers sont d'un coût considérable et apportent leurs lots d'effets secondaires néfastes pour la vie du sol et l'environnement. Le sorgho avec le maïs sont des plantes de la même famille, elles sont parmi les cultures les plus cultivées au monde. Vu cet exemple et le basalte qui est abondant sur terre, présent par les sites des anciens volcans, il peut apporter de fortes améliorations dans la fertilisation de ces cultures.

Photo 34

Photo 34 : Livre Geotherapy edité par Thomas J.Goreau, Ronal W. Larson et Joanna Campe

L'apport de broyat de roche basaltique a le potentiel de restaurer des sols acidifiés et appauvris de nutriments ; tout en augmentant la production des cultures et en protégeant contre les maladies et ravageurs. L'apport de roches riches en silicates, comme le basalte, au sol permet de stocker d'énormes quantités de carbone en forme carbonatés. Ces derniers peuvent ainsi rester stockés dans le sol pour des milliers d'années. Autre avantage, le basalte contient 6 minéraux indispensables pour les plantes, notamment K, P, Ca, Mg, Fe et Mn, même un peu de Ni et Cr. Même si la silice n'est pas considérée comme un élément nutritionnel essentiel aux plantes, elle participe grandement à l'augmentation de la résistance aux maladies, ravageurs et aux stress climatiques.

Pour Phil Callahan, la force paramagnétique est aux racines ce que la lumière est à la chlorophylle, l'un ne va pas sans l'autre. Le système racinaire et les microorganismes du sol ne peuvent pas travailler sans cette énergie paramagnétique, comme la chlorophylle ne peut pas fonctionner sans la lumière.

Quand on parle de lumière, on peut analyser cette lumière dans sa composition colorée des couleurs de l'arc en ciel. Selon cette approche les racines émettent plutôt de la lumière de couleur vert-rouge. L'analyse colorimétrique des biophotons peut encore nous éclairer pour mieux comprendre le fonctionnement de cet ensemble des microorganismes, du compost, de la roche paramagnétique et des racines des plantes.

Au Canada, Alan Reed, un passionné de géologie, de l'énergie des roches et des cristaux m'a informé d'une approche de la fertilité des sols assez originale. Il considère que chaque roche mère d'un sol correspond à une énergie spécifique, comme une couleur du spectre de l'arc en ciel. Pour lui, il est primordial de connaitre la nature de la roche mère d'un sol, pour savoir comment agir pour améliorer la fertilité. Il dit que pour avoir une fertilité optimum et durable, il faut la présence des roches ou cristaux correspondants à l'énergie de chaque couleur de l'arc en ciel. Par cette approche, il ajoute des poudres de différentes roches complémentaires à la roche mère d'un sol et obtient des résultats remarquables.

| La différence entre du basalte et un engrais classique

.

L'apport d'une roche n'est pas comme un engrais, qui va se solubiliser et disparaitre en différents résidus. L' apport d'une roche va rester présent durablement et agir en conséquence, en changeant la nature du sol, bien que l'influence majeure de la roche mère restera toujours présente naturellement. Il avance aussi que certaines roches vont plutôt favoriser le taux de protéines dans le grain, d'autres les huiles, d'autres l'acidité ou les sucres. En analysant les taux de ces différents éléments dans le fruit ou le grain, il peut même avoir une idée de la nature du sol. En viticulture, en parlant avec les vignerons, on retrouve cette conscience du lien entre la nature du sol et son expression ; mesurable dans la composition de leurs moûts et des vins en terme d'acidité, minéralité ou d'arômes plus ou moins fruités.

Ces biophotons ne sont pas simplement de la lumière mais ont des caractéristiques d'un haut degré de cohérence. Ce qui induit que cette lumière est porteuse d'information et qu'elle peut transmettre des informations aussi entre les cellules. Ces biophotons ne sont pas simplement une énergie, c'est aussi une information transmise par voie lumineuse. Le physicien Fritz Pop est convaincu que les centaines de milliers de réactions chimiques actives dans une cellule vivante par seconde seraient coordonnées et initiées par l'énergie photonique cohérente et véhiculée des uns aux autres. Comment une cellule peut coordonner et gérer harmonieusement des centaines de milliers de réactions chimiques de biosynthèse de protéines et autres à la seconde ? Ceci est encore un grand mystère pour la science.

| Comment stimuler les racines à produire de 4 biophotons | à 500 biophotons à la seconde ?

Une recherche scientifique publiée en 2009 sur l'émission photonique, sur des racines de radis, nous montre encore une fois ce lien avec le paramagnétisme. Ils mesurent que la racine de radis produit 4 biophotons à la seconde, puis en ajoutant la présence d'oxygène, qui est par nature hautement paramagnétique, la racine s'est mise à produire 500 biophotons à la seconde. Une lication de plus de 100 fois. Quand, par la suite, ils réduisent ιє ιαυx d'oxygène paramagnétique, ils ont mesuré que l'émission photonique de la racine diminue aussi fortement. Cette expérience scientifique indique encore une fois l'importance de l'oxygène et du paramagnétisme dans le sol pour stimuler la vitalité des racines. Elle va également dans le sens des découvertes de Fritz Pop et Phil Callahan.

Développement d'un appareil de mesure portatif des biophotons

Tenant compte de tout cela, j'émet donc l'hypothèse naturelle que plus un sol est vivant et fertile, plus il devrait émettre des biophotons. Cela peut devenir une piste extrêmement intéressante pour le développement d'un système de mesure simple de la vitalité des sols. Consistant en une sonde à planter dans le sol qui permettrait de mesurer ces biophotons. Un ami électronicien m'a dit qu'il existe maintenant des appareils pointus, qui deviennent de moins en moins onéreux, et qui peuvent mesurer jusqu'au photon à l'unité près.

Fritz Pop utilise un photomètre ultrasensible qui mesure les particules de lumière émises par les échantillons. Les différences d'intensité lumineuse permettent d'avoir une idée de la vitalité, qualité et fraicheur d'un aliment. Un exemple, à partir de deux variétés de tomates, dont un groupe cultivé en bio et un autre en conventionnel. Les trois premiers récipients sontremplis avec des échantillons de purée produits à partir d'une tomate issue de l'agriculture biologique contrôlée ; les trois autres récipients contiennent des échantillons d'une tomate conventionnelle. Les graphiques informatiques obtenus avec les trois échantillons de tomates biologiques révèlent une activité lumineuse nettement supérieure, c'est-à-dire un état général de plus grande vitalité.

On remarque que les notions de mesures de vitalité, de biophotonique et de paramagnétisme ont beaucoup de points communs. On pourrait même dire que l'un ne va pas sans l'autre. L'existence de ces outils de mesure nous permettent aujourd'hui de mieux comprendre ces phénomènes et leurs interactions avec la fertilité des sols. On est probablement à l'aube de grandes découvertes qui pourront aider énormément le développement de nouvelles pratiques plus durables et plus respectueuses de l'environnement et de la fertilisation des cultures.

L'apport de paramagnétisme plus efficace avec les organismes vivants présents

La présence d'un certain taux de matière organique suffisant dans le sol semble être important pour pouvoir bénéficier de façon optimale du paramagnétisme fournit par le basalte. Plus précisément, ce n'est pas la matière organique elle-même, mais la présence de nombreux microorganismes vivants qui semble importante. Phil Callahan le souligne, il dit que la roche paramagnétique n'apporte pas vraiment en elle-même des nutriments, mais qu'elle donne de l'énergie supplémentaire aux micro-organismes pour faire ce travail de rendre disponible les nutriments aux plantes. C'est une nuance importante pour comprendre le fonctionnement de cette approche paramagnétique. Pour Phil Callahan, la roche paramagnétique ne remplace pas les nutriments du sol, mais va optimiser la disponibilité des nutriments du sol à travers son action de stimulation de la microbiologie.

Il dit que les bactéries du sol ne peuvent pas faire leur travail correctement sans l'énergie paramagnétique. Selon lui le paramagnétisme stimule les bactéries à rendre biodisponible les micros et macros nutriments du sol pour les racines des plantes. Sans ce paramagnétisme les quantités de fertilisants sont largement gaspillés car non utilisés ou non rendu disponibles pour les plantes. Il dit même que sans nutriments dans le sol, le paramagnétisme n'est que peu efficace, car cela ne remplace pas les nutriments. Le paramagnétisme travaille de pair avec le compost, avec la vie du sol. Il faut comprendre que sans l'un ou l'autre, le duo gagnant ne peut pas fonctionner à son plein potentiel.

| Différences de résultats en agriculture bio et conventionnel

J'ai aussi remarqué dans ce sens, que les techniques d'Électroculture donnent en général des résultats bien plus importants dans des approches agricoles biologiques que dans l'agriculture chimique. La raison en est justement l'importance de la microbiologie du sol qui permet de capter et de profiter au maximum de ces énergies paramagnétiques, magnétiques et électriques des différents dispositifs d'Électroculture. Dans une agriculture chimique utilisant de nombreux herbicides, fongicides, insecticides, la microbiologie du sol est un vrai désastre et est réduite à peau de chagrin. Elle ne peut pas agir correctement et profiter de ces énergies. Si en même temps qu'on stimule la microbiologie saine du sol, on la tue avec des pesticides, alors on perd beaucoup des effets fertilisateur des techniques d'Électroculture.

Au niveau des soi-disant «mauvaises herbes» ou plutôt «herbes indésirables» ou «adventices», Phil Callahan dit que sur un sol correctement fertile, les cultures vont toujours surpasser les herbes indésirables. S'il y a un problème majeur d'herbes c'est que le sol n'est pas correctement fertilisé. Plusieurs herbes dites «mauvaises herbes» comme l'amarante par exemple, ont pour rôle de faire des racines profondes et de remonter à la surface les particules paramagnétiques enfouies profondément dues à l'érosion des sols.

De plus, un autre point important, les valeurs paramagnétiques des basaltes mesurés doivent être interprétées avec beaucoup de prudence ; car la présence de fer ferromagnétique peut fausser les résultats. Souvent les basaltes et roches volcaniques ont une quantité de fer non négligeable dans leur composition. Quand on mesure, le fer, ferromagnétique, va alors donner une mesure haute en paramagnétisme sur l'appareil, ce qui est trompeur. Car cette part de ferromagnétisme n'aura pas l'effet paramagnétique comme on l'explique sur le pouvoir fertilisant des sols. Donc, un basalte riche en fer, va donner une mesure du paramagnétisme élevée, mais peut être en réalité moins paramagnétique qu'un autre basalte composé de beaucoup moins de fer.

Dans l'idéal, il faudrait pouvoir enlever le fer lors de la mesure du paramagnétisme pour avoir une mesure vraiment comparative. Avec un peu plus de recherches, on pourra probablement extrapoler ou calculer plus précisément ce taux de paramagnétisme absolu ; en tenant compte de la teneur en matière ferromagnétique de la roche. Ce fait peut expliquer en partie des observations contradictoires. Où l'on voit que des basaltes ayant des mesures moins élevées en paramagnétisme ont parfois des effets plus importants sur la croissance des plantes que des basaltes mesurés plus paramagnétiques.

| L'érosion des particules paramagnétiques du sol

Phil Callahan explique aussi que le paramagnétisme en surface a tendance à diminuer avec l'érosion par l'eau, le ruissellement et l'enfouissement en profondeur. Les techniques agricoles du labour, qui accentuent l'érosion hydrique et le travail du sol nu, sont très délétères dans ce sens. Il y a alors des sols qui peuvent être très paramagnétiques dans leur profondeur mais peu en surface, là où justement il est important de stimuler la microbiologie du sol. Dans ce cas un apport de basalte paramagnétique en surface peut augmenter la fertilité, malgré que ce soit un sol globalement déjà paramagnétique.

Phil Callahan et Graem Sait racontent que parfois on observe encore de fortes améliorations dans la fertilité des sols, déjà hautement paramagnétiques, en apportant encore un ajout de basalte paramagnétique. Cela pose des questions. C'est comme si la roche paramagnétique perd de son pouvoir.

Est-ce que la roche fonctionnerait également un peu comme une pile qui se recharge d'une certaine énergie et se décharge, puis une fois vide, son effet est réduit ? Est-ce que la roche paramagnétique pourrait agir comme une sorte de batterie chargée d'énergie lumineuse qui se décharge au fur et à mesure de sa lumière… ? Il y a encore beaucoup de mystères à élucider et cela rend cette aventure d'autant plus passionnante.

La relation des particules antennes paramagnétiques avec l'activité géomagnétique terrestre

La relation entre l'activité géomagnétique de la terre et la fertilité des sols se dévoile petit à petit à travers plusieurs recherches scientifiques. On peut considérer que les particules paramagnétiques font office d'antenne radio locale ; transmettant cette activité géomagnétique comme une énergie aux racines. L'intensité de cette activité géomagnétique varie selon les années, les saisons et le lieu sur terre. La présence des forces paramagnétiques dans le sol va probablement accentuer ces actions des énergies géomagnétiques.

Le géomagnétisme de la terre est fortement régulé par les influences d'ordre cosmique tels l'activité solaire, les positions des planètes et de la lune. Il serait donc logique de constater de plus grandes relations d'effets sur ces sols de ces influences bénéfiques ou même certaines négatives, que comparé à des sols pauvres en paramagnétisme.

Ceci nous emmène à confirmer l'existence des influences des forces cosmiques comme décrit dans l'approche de la biodynamie. On remarque qu'avec les divers techniques d'Électroculture ces énergies sont amplifiées.

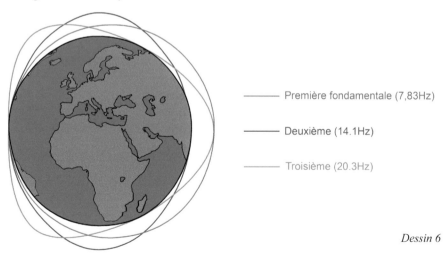

——— Première fondamentale (7,83Hz)

——— Deuxième (14.1Hz)

——— Troisième (20.3Hz)

Dessin 6

Dessin 6 : Schéma de la terre avec les ondes radios de basse fréquence aussi appelées ondes Schumann, qui influencent les particules paramagnétiques et la fertilité des sols

Il se peut qu'un sol dépourvu de paramagnétisme reste indifférent à certains effets géomagnétiques et cosmiques ; comme si c'était un sol dépourvu d'antennes radio naturelles (particules paramagnétiques).

Tout un univers d'influences complexes et passionnantes s'offre à nous, prêt à se dévoiler toujours plus, pour une meilleure compréhension des dynamiques de fertilité des sols.

| Résistance à la sécheresse

Il a été vu que les roches paramagnétiques ont un fort potentiel pour stimuler la vie des sols. Ceci amène à augmenter les microorganismes, l'action des vers de terre et ainsi le développement d'une meilleure structure du sol grâce au complexe argilo-humique ; ce dernier bon rétenteur d'eau et favorisé par l'action de la vie.

En même temps, l'énergie paramagnétique va fortement stimuler le développement racinaire des plantes. Je pense qu'il peut y avoir facilement 30% ou plus d'enracinement, selon les plantes.
On remarque que le simple apport d'un peu de basalte en poudre à un terreau de semis peut réduire les arrosages par une meilleure rétention de l'eau.

L'un dans l'autre, un plus grand développement racinaire permet à la plante d'avoir accès à l'humidité dans une plus grande profondeur et volume du sol. En même temps, le sol retiendra mieux et plus d'eau, par sa structure microbiologique et physique améliorée. Il est facile de comprendre qu'en cas de sécheresse, les cultures ayant bénéficiées de ces avantages s'en sortiront en général nettement mieux.

J'ai d'ailleurs pu le constater en 2015, dans mon jardin. C'était une année de sécheresse terrible en Alsace. Vers le mois de mars, j'avais planté plusieurs arbres fruitiers, en haute tige, équipés de plusieurs dispositifs d'Électroculture. Evidemment j'avais mis une sacrée dose de plusieurs kilos de basalte par trou de plantation et mélangé à la terre. Durant ce premier été les arbres ont été arrosé qu'une fois, ceci en pleine sécheresse.

L'hiver d'après, j'étais retourné voir le pépiniériste, pour racheter d'autres arbres. Quand j'ai commencé à parler de mes pommiers, le pépiniériste m'a coupé la parole, en pensant que j'allait me plaindre de la mortalité due à la sécheresse. Sans doute avait-il l'habitude d'entendre bon nombre de clients se plaindre ! Il fût étonné d'entendre que mes arbres se portaient à merveille, grâce aux techniques d'Électroculture et au basalte.

Dans un article, Phil Callahan nous rapporte le témoignage de la situation problématique chronique de la sécheresse dans le Midwest aux États Unis. Il y tombe 305 mm de pluie annuellement (12 inches) depuis près d'un siècle. Avant la 2ème guerre mondiale, il n'y avait jamais de problème de sécheresse et maintenant c'est devenu courant. Pourtant, il y pleut encore toujours autant qu'avant. Alors pourquoi sont apparus ces problèmes de sécheresse ?

Qu'est- ce qu'y a changé depuis ? Dans les années 40, le niveau de paramagnétisme des sols y étaient en moyenne de 300 à 400 microCGS, maintenant il est tombé en dessous de 100 ! Il a été prouvé qu'un sol riche en matière paramagnétique peut contenir facilement 50% plus de rétention d'eau comparé à un sol témoin. Les techniques agricoles d'après la deuxième guerre mondiale ont eu raison du paramagnétisme, en le faisant chuter de 3 à 4 fois en quelques décennies. Ce que la nature a accumulé en paramagnétisme en quelques milliers d'années, a été détruit en quelques années. Heureusement qu'en prenant conscience de ce fonctionnement du paramagnétisme, on sait maintenant comment agir pour remettre ces sols en un bon état de fertilité et de résistance à la sécheresse. Ceci en un temps rapide et grâce aux apports de roches paramagnétiques et microorganismes.

Souvent, les techniques conventionnelles d'agriculture font tout le contraire pour obtenir un sol vraiment fertile durablement. En produisant du compactage des sols par de lourdes machines, réduisant ainsi son oxygénation ; puis, en détruisant une grande partie de la microbiologie des sols par des pesticides et engrais chimiques. De plus, l'érosion hydrique, quand il pleut sur les sols nus, évacue les particules paramagnétiques si précieuses ; avec le ruissellement des eaux vers les fossés et rivières, ou bien les enfouit en profondeur où elles sont moins utiles.

Pour conclure, on peut rétablir rapidement la fertilité des sols par des mesures simples et efficaces. La formule pour créer un sol fertile selon les découvertes sur le paramagnétisme consiste en l'apport de broyat de roches très paramagnétiques comme certains basaltes et un apport de compost, ou de matière organique «vivante» riche en microorganismes. Puis, favoriser un bon drainage en faisant tout pour maintenir une bonne structure du sol et une bonne aération amenant de l'oxygène paramagnétique au niveau des racines et de la microbiologie.

Tableau des matières et leur caractère paramagnétique, diamagnétique ou ferromagnétique. Tableau fourni de valeurs indicatives.

Substances paramagnétiques	Valeur en microCGS
Oxygène	+3449
Basaltes	Entre 100 et 15 000
Laves	Entre 0 et 5000
Cendres volcaniques	Entre 0 et 5000
Un niveau de paramagnétisme en dessous de 50 est considéré comme quasi insignifiant.	
Aluminium	+16,5
Sodium	+16
Calcium	+40
Potassium	+20
Tissu vivants	Entre 0 et 20 du a la présence d'oxygène ou d'air
Substances diamagnétiques: Non mesurable avec le PCSM	Le PCSM n'est pas calibrer pour mesurer des valeurs négatives du diamagnétisme.
Eau	-13,1
Cuivre	5,4

Zinc	-11,9
Argent	-19,5
Plomb	-23
Or	-28
Matière végétale (morts et vivants)	Entre 0 et 100 (généralement un peu plus haut quand vivant comparé au même tissu mort)
Nitrogène, -12, Hydrogène -3,9, Dioxyde de carbone -21	
Substances ferromagnétiques	Pas mesurable correctement avec le PCSM et confond avec la mesure du paramagnétisme
Fer	
Cobalt	
Nickel	
Magnetite (riche en fer) à la fois très paramagnétique et très ferromagnétique	
Basaltes et laves	En partie, certains n'ont pas de fer
Roches riches en oxyde de fer	Très présent en Bretagne et dans certaines zones des Vosges

Tableau 2

Des appareils de mesures plus spécialisés de laboratoire que le PCSM peuvent distinguer la valeur paramagnétique et ferromagnétique dans l'ensemble de la susceptibilité magnétique.

Tableau 2 : Tableau indicatif des valeurs et substances paramagnétiques, diamagnétiques et ferromagnétiques

BIBLIOGRAPHIE

ACRES, « *Paramagnetic effects on plants growth* », 2000, ACRES USA.

BEERLING D. J., LEAKE J. R., LONG S. P., SCHOLES J. D., TON J., NELSON P. N., ... HANSENJ.,« *Farmingwithcrops and rocks to address global climate, food and soil security* », 2018, Nature Plants 138–147.

BIRD Christopher & THOMPKINS Peter, « *La vie secrète du sol* », 1989, éditions Robert Laffont.

CALLAHAN Phillip, «*Tuning in to nature*», 1975, «*Ancient mysteries, modern visions, The magnetic life of agriculture*» 1984, «*Nature's silent music*», 1992, « *Paramagnetism: Rediscovering Nature's Secret Force of Growth* », 1995,«*Paramagnetic Effects on Plant Growth*» 2000 éditions ACRES U.S.A, «*On the power of paramagnetism*», mars 2003, entretien par Graeme Sait www.nexusmagazine.com NEXUS.

FRITZ Popp,«*Biologie de la lumière*», 1999, édition Résurgence.

GOREAU, LARSON & CAMPE, «*Géothérapy, Innovative méthods of soil fertility restoration, carbon sequestration, and reversing CO² increase*», 2014, éditeur CRS Press.

KELLAND Me, WADE Pw, LEWIS Al, et al. «*Increased yield and CO2 sequestration potential with the C4 cerealSorghum bicolor cultivated in basaltic rock dust-amended agricultural soil*», 2020,Glob Change Biol.

PETIOT Éric & GOATER Patrick, «Les alternatives biologiques aux pesticides», 2020, éditions De Terran.

RASTOGI A, POSPISIL P. «*Effect of exogenous hydrogen peroxide on biophoton emission from radish root cells*», 2010 Février – Mars, Plant Physiol Biochem.

TEXEIRA DA SILVA & DOBRANSKY, « *Magnetic fields: how is plant growth and development impacted?* », 2015, article scientifique dans Protoplasma.

TIERAZLICHEU mschau, «Stuttgart University confirms validity of Food Quality Analysis by means of Biophotons», 2008.

VOISIN A, CELLIER P, JEUFFOY M.-H.3. «*Fonctionnement de la symbiose fixatrice de N2 des légumineuses à graines : Impacts Agronomiques et Environnementaux*», 2015, Innovations Agronomiques 139-160.

WERLHEN Roland & LAYET Maxence, «*Électroculture et énergies libres*», 2010, éditions Le courrier du livre.

«*Rush University of Chicago indicates biophotons as signals of intercellular communication*», 2007, Bioelectrochemistry 142-146.

Site internet :
www.electroculturevandoorne.com, site officiel de Yannick Van Doorne
www.electroculture-university.com

Conversations et témoignages des nombreux membres des groupes ou blogs gérés par Yannick Van Doorne et lors des stages Electroculture organisé par lui-même depuis 2010 et conférences depuis l'année 2000.

Groupes, canal et pages sur les divers réseaux sociaux, facebook, telegram, mewee, odysee
https://www.facebook.com/Electroculturemagnetoculture
https://www.facebook.com/groups/electroculture
https://www.facebook.com/groups/electroculture2021
https://www.facebook.com/groups/electroculturefor-plantgrowth

Média youtube :
https://www.youtube.com/yannickvd
https://www.youtube.com/channel/UCZWFUZDdFSpua-P768ezslTg

Atelier et conférence sur l'électroculture présenté lors des journées rencontres maraichage sol vivant (MSV 2015) le 2 décembre 2015 à Baerenthal, par Yannick Van Doorne
https://youtu.be/eqoJ60Gb1_A
https://youtu.be/ObO1JOgFOtY

LISTE DES LÉGENDES DES PHOTOS, TABLEAUX ET FIGURES

Printed in France by Amazon
Brétigny-sur-Orge, FR

13974010R00047